U0616547

湖北经济学院学术专著出版基金资助

农民合作社、社会资本与农村多维减贫

李　博　李朝晖　方臻旻　著

责任编辑：刘红卫
责任校对：李俊英
责任印制：丁淮宾

图书在版编目（CIP）数据

农民合作社、社会资本与农村多维减贫/李博，李朝晖，方臻旻著. —北京：中国金融出版社，2021.7
ISBN 978-7-5220-1233-9

Ⅰ.①农… Ⅱ.①李…②李…③方… Ⅲ.①农业合作社—扶贫—研究—中国 Ⅳ.①F321.42②F323.8

中国版本图书馆 CIP 数据核字（2021）第 125105 号

农民合作社、社会资本与农村多维减贫
NONGMIN HEZUOSHE、SHEHUI ZIBEN YU NONGCUN DUOWEI JIANPIN
出版
发行 中国金融出版社
社址 北京市丰台区益泽路 2 号
市场开发部 （010）66024766，63805472，63439533（传真）
网上书店 www.cfph.cn
（010）66024766，63372837（传真）
读者服务部 （010）66070833，62568380
邮编 100071
经销 新华书店
印刷 北京市松源印刷有限公司
尺寸 169 毫米×239 毫米
印张 13.75
字数 180 千
版次 2021 年 8 月第 1 版
印次 2021 年 8 月第 1 次印刷
定价 56.00 元
ISBN 978-7-5220-1233-9
如出现印装错误本社负责调换 联系电话（010）63263947

摘　　要

《中国农村扶贫开发纲要：2011—2020》明确了我国现阶段扶贫开发的多维度目标任务，不仅包括收入增长，还包括教育、健康和生活水平的提升。2015年中央《关于打赢脱贫攻坚战的决定》多次强调应积极发挥农民合作社在精准扶贫中的作用。本书从社会资本视角研究农民合作社的多维减贫效应及政策，有助于进一步创新完善中国特色扶贫开发理论和政策体系，具有重大现实意义。

本书按以下五个部分依次展开。第一部分重点探讨合作社中社会资本的作用和地位。通过引入社会资本方法，构建解释合作社存在合理性的理论框架，分析合作社中社会资本的作用和地位，探讨遵守国际合作社联盟（ICA）确立的七项合作社原则的重要意义和价值。第二部分聚焦合作社社会资本和多维贫困的概念界定与测算方法。本部分创新构建了一套社会资本概念体系，进而衍生出相应的合作社社会资本概念，并建立了一套合作社社会资本测量指标体系。此外，本部分还界定了贫困的概念内涵，完善构建了多维贫困测量方法。第三部分为合作社社会资本多维减贫机制分析。本部分探讨了合作社社会资本在健康、教育和生活水平三个维度的减贫机制，提出合作社社会资本影响各维度贫困程度，以及多维贫困概率和多维贫困程度的理论假设，探讨了合作社社会资本通过影响收入，进而影响农户多维贫困的中介效应，还探讨了合作社内部网络环境和社员对合作社社会资本动用能力两个变量在合作社社会资本多维减贫过程中所发挥的调节作用。第四部分为合作社社会资本多维减贫效应的经验检验。介绍了实地调查和数据处理情况，对多维贫困和社会资本相关变量的测算和统计结果进行了分析，重点对第三部分提出的有关合作社社会资本多维减贫的理论假设进行经验检验。第五部分重点关注合作社社会资本多维减贫的政策设计。在借鉴国际经验，反思国内政策和实践案例的基础上，提出完善构建支持合作社发展与发挥合作社多维减贫作用的政策建议。

本研究的主要结论如下。（1）合作社是基于社会资本的组织。社会资本是合作社的经济规则和主要资源，社会资本的可用性对于合作组织的创建和发展意义重大，遵循合作社原则的意义就在于它能够保护和促进合作社社会资本。（2）合作社社会资本是一个概念体系。合作社社会资本分为内部社会资本和外部社会资本，外部社会资本是指合作社外部网中与其存在互惠合作关系的其他个人和组织所拥有的网络资源的总和；内部（实际）社会资本是指合作社内部网中所有社员拥有并愿意在社内共享的网络资源的总和。内部（实际）社会资本存量受两方面因素影响，一是内部潜在社会资本（所有社员拥有的网络资源的并集），二是合作社内部网络环境（信任和规范等）。社员对合作社的社会资本投资是指社员在与合作社交往过程中的给予行为，它直接影响社员动用合作社社会资本的能力。（3）合作社社会资本能够直接和间接地减轻多维贫困，合作社内部网络环境和社员对合作社社会资本动用能力都会影响其多维减贫效果。湖北和甘肃两省6个贫困县的调查数据为合作社社会资本多维减贫效应提供了证据。（4）合作社多维减贫的国际经验表明，合作社能够帮助人们摆脱绝对贫困，但完全由贫困者组成的合作社是难以持续发展的，由政府部门负责或干预过多的合作社也难以实现预期的政策目标。（5）我国政府对农民合作社促进农村经济社会发展和助力脱贫攻坚寄予厚望，但农民合作社的实际表现却没有达到预期，关键问题在于忽视了对合作社社会资本的培育。现行脱贫攻坚政策体系主要强调合作社在减轻收入贫困方面的作用，合作社的多维减贫潜力还有待进一步开发。（6）各类合作社在助力脱贫攻坚方面都取得了一定成效，同时也还存在一些问题。农业公司或农村精英领办型合作社主要通过社外合作方式推动减贫，与贫困户的利益联结机制不够紧密；贫困户联合领办型合作社面临可持续发展的困境。

合作社社会资本既是影响合作社自身发展绩效的关键，也是影响合作社多维减贫效果的关键。因此，课题组提出以下政策建议：（1）明确合作社管理主体责任，建立违规违法合作社长效治理机制，加强外部监管，促进合作社规范化发展；（2）完善合作社社员权相关立法，健全社员权公力救济渠道和方式，强化内部监督，倒逼合作社规范化发展；（3）扶持合作社联合社发展，协助合作社与高校、科研院所建立互惠合作关系，促进合作社外部社会资本积累，助推合作社提档升级；（4）引导支持合作社主办各类教育培训和信息交流活动，提升成员参与度和归属感，促进合作社内部社会资本积累，创新发展多维扶贫政策体系；（5）引导合作社关心助力农村社区发展，支持合作社参与贫困地区农村社区生产生活条件改善项目，提升贫困地区区域发展能力；（6）完善合作社助力产业扶贫的政策体系，防范化解合作经营风险，强化合作社与贫困户的利益联结机制。

本研究的创新贡献主要体现在以下三个方面：（1）从社会资本视角解释合作社与其他治理机制的本质区别，探讨合作社原则的重要性和必要性；（2）创新发展了社会资本概念体系，并在此基础上提出合作社社会资本概念体系；（3）完善建立了一个合作社社会资本多维减贫理论框架。

目录

第一章　绪　论

2015 年 11 月 23 日，中共中央政治局审议通过了《关于打赢脱贫攻坚战的决定》，文件中多次强调，应积极发挥农民合作社在精准扶贫中的作用。2016 年国家社科基金申请指南中便列出了相关选题——“农村新型合作组织的扶贫效应及相关政策研究”，可见如何发挥农民合作社在脱贫攻坚中的积极作用成为国家高度关注的课题。然而，有关各国合作社减贫作用的研究结论和观点却不尽相同，不少研究对合作社的“益贫性”表示质疑。基于对农民合作社和贫困问题的长期研究，本书提出了一个大胆的假设，农民合作社的某种本质特征决定了其减贫效果，由于现有研究忽略了不同农民合作社在这一本质特征上的差异，才导致在合作社减贫效果评价上存在分歧，而这一本质特征就是基于农民合作社的社会资本。在这一假设基础上，本书就“农民合作社社会资本的多维减贫效应及政策研究”展开了系统研究。

第一节　文献综述与研究意义

一、国内外文献综述

目前有关农民合作社社会资本（以下简称“合作社社会资本”）减贫的研究还很罕见，仅有极少数文献就此提出了理论设想，李红玲（2013、2014）认为我国贫困农村正处于原始社会资本流失、新型社会资本逐步建立的中间阶段，农民合作社有利于修复与拓展农村社会关系网络、扩大人际信任半径、强化公共治理规范，对农村社会资本转换具有推动作用，并从收入贫困、能力贫困和权利贫困三个方面探讨了合作社社会资本的多维减贫逻辑。其他与本书相关的研究涉及以下三个方面。

（一）合作社减贫文献

随着合作社减贫研究的发展，人们提出了关于合作社减贫效果的不同观点，大致可以分为四类：基础观点、中立观点、均衡观点和积极观点。

1. 基础观点。合作社拥有开放的成员资格，所需的资本投资很少，这给穷人提供了成为合作社成员的机会。此外，合作社公平共享经济收益的事实，使人们相信合作社自动倾向于惠及穷人。这一观点强调的是，由于合作社的基本特性而使其具有为穷人服务的内在自动倾向，并最终促进国家经济发展（Schirber，1945；UNRISD，1969、1975；Holmén，1990；Hussi 等，1993；Thorp 等，2005）。

2. 中立观点。基础观点受到一些研究的挑战，这些研究者认为，合作社是以人为中心的企业，主要关心为其成员提供福利，并没有额外的义务倾向于穷人（Braverman 等，1991；DFID，2005；Birchall 和 Simmons，2008）。所以，合作社不会倾向于为穷人带来好处，但在其运行过程中，合作社可能会通过向穷人提供经济优势来实现减贫目标。Holmén（1990）认为希望合作社向穷人伸出援手是不现实的，人们对合作社能够解决许多发展问题并作为保护人民利益的工具抱有太多不切实际的幻想。Simmons 和 Birchall（2008）也声称“合作社因为不创造增长和公平而受到不公平的批评”。Münkner（1976）认为，如果穷人不能自己作出贡献，不积极参与自助行动，那么改善穷人的社会和经济地位的努力就无法实现。Thorp 等（2005）认为，合作社的形成对提高穷人收入具有很大潜力。然而，特别贫困的人可能因为缺乏资产、缺乏权力以及缺乏进入市场和网络的渠道而被排除在外。综上所述，只要穷人被包容并积极参与合作社，合作社就有可能为穷人提供福利。不应期望合作社帮助穷人，合作社只是为贫困人口提供了一个机会，他们可以通过充分参与和集聚资源来摆脱贫困（Hunter，1981；Tanguy 等，2010）。

3. 均衡观点。另一组研究提出了一个介于基础观点和中立观点之间的均衡观点（Lele，1975、1981；Hunter，1981；Holmén，1990；Braverman 等，1991；Hussi 等，1993；ICA/ILO，2005；Satgar 和 Williams，2008；Pollet，2009）。均衡观点认为，只要合作社的价值观和原则得到真正的尊重，并且符合某些先决条件，合作社就有可能减少贫困，这里所谓的先决条件可能包括：可行的机制（Pollet，2009）、实体基础设施、市场信息、监管机构、技术、商品定价政策、资本和适当的管理（Lele，1981）、慈善资金来源、积极的公共政策框架（Parnell，2001）、明确的合作原则和价值观、强有力的领导（Münkner，1976）等。

4. 积极观点。自 20 世纪 90 年代后期以来的相关文献主要是由来自国际劳工组织（ILO）、国际合作社联盟（ICA）和联合国粮农组织（FAO）等促进合作开发的组织内的研究人员撰写的。在这些研究中，关于重新调整合作社组织，使其能够更好地接触到穷人的政策文献尤其需要重视，这些文献（Holmén，1990；Parnell，2001；Spear，2002；Birchall，1997、2003、2004；Stiglitz，2004；Markell，2004；Pollet 和 Develtere，2004；ICA/ILO，2005；Bibby 和 Shaw，2005；OCDC，2007；Wanyama 等，2008；Simmons 和 Birchall，2008；Develtere 等，2008；Vicari，2008）提出了一个积极的观点，认为合作社是唯一有潜力减轻贫困的组织。Wanyama 等（2008）对该观点进行了总结：合作社具有为穷人提供经济机会的优势，能够为弱势群体赋权以维护他们的利益，通过允许穷人将个人风险转换为集体风险来为他们提供安全保障。因此，合作社对消除贫困有直接影响，并对其他千年发展目标产生间接影响（Birchall，2004）。Wanyama 等（2008）评估了来自 11 个非洲国家的经验证据，结论显示，非洲的合作社通过协调成员资产显著减轻了贫困。Birchall 和 Simmons（2009）对斯里兰卡和坦桑尼亚合作社的研究结果表明，合作社在信贷获取、产品销售和技能发展等方面帮助穷人和减轻贫困，合作社具有让穷人受益的比较优势，但可能受到财政政策、政府干预和对合作社领导缺乏信任等因素的限制。Bibby 和 Shaw（2005）也指出，合作社在减贫方面发挥着重要作用，加强当地合作社的能力可以对农村贫困产生直接和积极的影响，通过帮助小农户对接市场、获取信贷、降低脆弱性，合作社有助于减轻农村贫困。根据 Parnell（2001）的说法，合作社具有应对危机和减轻贫困的潜力，合作社能够创造就业机会，促进对话和民主，并解决社会保障和其他社会经济需求。

综上所述，所有四个观点都承认合作社可能有减少贫困的潜力，但要警惕尊重合作原则和价值观的必要性。合作社为穷人提供了摆脱贫困的机会。但是，需要创造有利的环境来支持合作社的发展。

（二）社会资本减贫文献

社会资本对不同类型贫困的影响是不同的。在静态研究中，贫困被分为绝对贫困和相对贫困（Rowntree，1901；Fuchs，1967）；在动态研究中，贫困被分为短期贫困和长期贫困（Jalan 和 Ravallion，1998；2000）。本书根据上述分类标准，对社会资本减贫研究进行了整理和评述。

1. 社会资本对绝对贫困的影响。一些已有文献指出，社会资本可作为物质资本的替代品或互补品，促进贫困家庭劳动生产率和收入提升，反过来，收入的提升又可以增加贫困家庭的社会资本投资，进而促使贫困家庭摆脱绝对贫困陷阱（Chantarat 和 Barrett，2012）。但另一些文献对社会资本减轻绝对贫困的作用也提出了质疑，Collier（2002）指出，绝对贫困家庭缺乏社会资本投资能力，往往在社会资本积累方面处于劣势，社会关系一般是在互助、互惠和共享过程中得以发展的，因此富人建立的社会网络可能会存在排挤穷人的倾向。一些经验研究证明，社会资本中的信任对减轻农村绝对贫困具有重要作用，信任能有效促进合作，克服搭便车问题，提供更好的公共服务（Narayan 和 Pritchett，1999；张爽等，2007；Sato，2006），而社会网络能够显著提高农村家庭的非农就业机会以及打工收入（Zhang 和 Li，2003；张爽等，2007）。但是，另一些经验研究的证据显示某些社会资本并不能减轻农村绝对贫困水平（Cleaver，2005；叶静怡和周晔馨，2010）。

2. 社会资本对相对贫困的影响。相对贫困关注收入水平的差距。社会资本究竟会减轻还是加剧相对贫困，取决于低收入家庭与高收入家庭相比，社会资本拥有量（包括数量和质量）以及回报率两方面的差异，仅从理论上是难以判断低收入家庭在上述两方面是处于优势还是劣势的。在社会资本拥有量方面，穷人的时间成本小于富人，因此在需要花费时间用于人际交往才能实现积累的社会资本上，可能处于相对优势（Collier，2002）。然而，人力资本和物质资本对社会资本积累存在正向影响（Coleman，1988；Gradstein 和 Justman，2000；Huang 等，2009），因此，穷人在社会资本积累方面又处于劣势。在社会资本回报率方面，社会资本作为一种投入要素（Narayan 和 Pritchett，1999），遵循边际产出递减规律，如果低收入家庭拥有的社会资本较少，那么他们的社会资本回报率可能就较高。然而，根据社会资本的达高性、异质性和广泛性衡量标准，低收入家庭拥有的社会资本质量较低（Lin，1999；2001），社会资本回报率也倾向于更小。在经验研究方面，已有一些文献发现贫困家庭的社会资本占有量较少。社会网络、集体组织倾向于结构性地将穷人排除在外（DiPasquale 和 Glaeser，1999；Fafchamps 和 Minten，

2001；La Ferrara，2002；Cleaver，2005），而 Grootaert 等（2002）的研究则发现，社会资本在贫富家庭之间的分布比其他资本更平均，换句话说，虽然穷人在社会资本占有上不具备绝对优势，却具有比较优势。已有不少经验研究对社会资本减轻相对贫困的作用进行了检验，但结论并不完全一致。Grootaert（1999，2001）发现，社会资本显著降低贫困概率，贫困农户的社会资本回报率高于富裕农户，因此他认为社会资本是“穷人的资本”。但是，另一些研究显示社会网络虽然可以减少绝对贫困，但是也可能拉大收入差距，加剧相对贫困，在一定程度上证伪了“社会资本是穷人的资本”的假说（Zhang 和 Li，2003；Rozelle，1994；Benjamin 等，2002；赵剑治和陆铭，2009；周晔馨，2012）。

3. 社会资本对短期贫困的影响。短期贫困源于农户无力应对来自经济、健康和自然等方面的负面冲击。社会资本，尤其是社会网络，能够为网络成员提供非正式保障，网络成员间的相互捐赠、借贷或支持能有效地分担风险，平滑消费，进而减轻短期贫困（Fafchamps 和 Lund，2003；Fafchamps 和 Gubert，2007；Munshi 和 Rosenzweig，2009）。家庭的社会网络能够降低贫困脆弱性（徐伟等，2011）。郭云南等（2012）发现，在宗族网络强度越高的村庄，家庭消费平滑程度越高，因为宗族网络可以作为一种有效的信用机制和担保机制，使宗族成员更容易获取信贷。Fafchamps 和 Lund（2003）发现，社会网络越大，家庭消费平滑程度越高。但是，并非所有文献都支持社会资本能够平滑消费的结论。Gertler 等（2006）对印度尼西亚的研究显示，面对负向健康冲击，社会资本对平滑消费水平的作用并不显著。陆铭等（2010）对中国的研究发现，在社会资本中，互助、公民参与和信任对农户抵御自然灾害和平滑消费的作用不显著，而且，社会资本减轻短期贫困的效应会随市场化深入而降低。

4. 社会资本对长期贫困的影响。贫困家庭往往缺乏担保品和信用信息，往往会被正式金融机构排斥，从而加剧了贫困的代际传递，造成长期贫困。社会资本能够促进正式和非正式金融市场上的信贷（Samphantharak 和 Townsend，2009；Gertler 等，2006），通过促进投资和创业（Karlan 等，2009；Kinnan 和 Townsend，2012；马光荣和杨恩艳，2011），为贫困农户提供更多发展机会，从而降低贫困的代际传递，减轻长期贫困。贫困地区的劳动力流动为打破长期贫困陷阱提供了强大动力，已经成为减轻和消除农村长期贫困的重要途径。而社会资本对农村剩余劳动力流动具有显著促进作用（Dolfin 和 Genicot，2010），其作用机制主要包括信息传递、信誉担保、筛选或屏蔽（Delattre 和 Sabatier，2007）、身份定位（Akerlof 和 Kranton，2000；叶静怡等，2012）和社会保险（郭云南和姚洋，2013）等，并且能够在一定程度上影响工资水平（章元和陆铭，2009；叶静怡和周晔馨，2010；章元等，2012）。公共物品和公共服务的有效提供是影响农村居民收入水平和消费水平持续提升的重要因素，也是摆脱贫困陷阱、减轻长期贫困的重要手段之一。社会资本作为一种非正式制度，可以对正式制度形成有效补充，因此能够在农村公共物品和公共服务供给上起到积极作用。例如，在"权威耦合"作用下（Xu 和 Yao，2009），农村宗族网络（非正式制度）能够和村庄选举制度（正式制度）实现互补，从而降低交易成本、提升公共物品和公共服务的供给效率和数量（Munshi 和 Rosenzweig，2009）。在资源约束严重的贫困地区，新技术、适用技术的推广和采纳已被视为减轻长期贫困的又一重要政策工具。已有研究证明，新技术的推广和采纳受到当地社会网络和信任的影响（Narayan 和 Pritchett，1999），社会网络可以作为一种信息传递途径，社会网络中农户对新技术采纳的决策存在相互影响（Bandiera 和 Rasul，2006）。

（三）合作社与社会资本

1. 社会资本转换。Coleman（1990）是最早研究社会资本转换的学者，他将家庭和社区等初级群体所提供的社会资本定义为"原始社会资本”，认为由于各种人工创建的社会组织逐渐破坏了初级群体的关系网络，原始社会资本会逐渐衰减，人们需要在交往活动中创造和建立“新型社会资本”来替代它们。国内相关研究主要集中于农民工社会资本转换问题（赵延东等，2002；陈成文等，2004；叶静怡和周晔馨，2010；卢海阳等，2016；卢海阳和郑旭媛，2019），大多将农民工社会资本区分为进入城市之前在“乡土社会”中形成的“原始社会资本”和进入城市社区之后再建构的“新型社会资本”。

2. 合作社社会资本。合作社与社会资本密切相关。一方面，合作社比投资者所有企业（IOFs）拥有更多的社会资本，合作社成员之间更容易建立起社会资本（Hong 和 Sporleder，2007）。另一方面，合作社比IOFs 更加依赖社会资本（Valentinov，2003）。基于 Putnam（1993）对社会资本的定义，廖媛红（2011）将合作社社会资本定义为合作社内部成员以及合作社与外部环境之间的信任、规范和社会网络等要素。赵凌云和王永龙（2008）根据形成方式的不同，将合作社社会资本分为本土型社会资本和外发型社会资本。廖媛红（2011）则根据作用范围不同，将其划分为外部社会资本和内部社会资本。廖媛红（2012、2015）借鉴既有的社会资本量表（Lin，2001）构建了合作社社会资本量表。

关于合作社社会资本的影响效应研究主要关注合作社社会资本对合作社绩效的影响，其中大部分研究认为合作社社会资本能够通过增加交易数量、减少交易成本（张晓山等，2009）、建立可靠关系（Hong 和 Sporleder，2007）、促进创新（戈锦文等，2016）等途径改善合作社绩效。

（四）文献评述

国内外已有文献在农民合作社减贫路径、社会资本减贫机制及效应、合作社社会资本概念和测度等方面作出了巨大贡献，为本书的研究奠定了坚实基础。同时现有研究还存在一些不足之处：一是有关农民合作社减贫的研究缺乏系统的理论分析框架，对农民合作社影响农村贫困的深层机理阐释不足，以至于难以解释不同时期、不同国家合作社减贫效果的差异。二是有关社会资本减贫的研究主要关注农村原始社会资本的作用，对农村新型社会资本的关注不够。三是合作社社会资本作为一种新型社会资本，在概念、分类、测度和形成发展机理等方面仍有待进一步研究完善。四是有关合作社减贫或社会资本减贫的经验研究主要关注收入贫困或某一方面的能力贫困，多维贫困的概念和测度方法很少被引入合作社减贫及社会资本减贫研究。

二、研究意义与价值

（一）学术价值

1. 创新建立合作社社会资本影响多维贫困的理论框架，为合作社减贫研究提供新的分析视角，为社会资本减贫研究提供新的分析对象，为丰富拓展中国特色扶贫开发道路提供新的理论依据。

2. 完善创新合作社社会资本的概念体系和测量指标体系，为推动相关理论和实证研究发展作出边际贡献。

（二）应用价值

本书的研究符合我国当前“坚持群众主体，激发内生动力”的扶贫开发基本原则。

1. 对合作社社会资本的调查与测度，有助于掌握市场化进程中农村新型社会资本的现状与趋势。

2. 对农村多维度贫困的调查与测度，有助于掌握我国农村贫困的真实情况。

3. 对合作社社会资本影响农村多维贫困的理论和政策研究，有助于丰富拓展中国特色扶贫开发道路，完善创新扶贫开发政策体系。

第二节 本研究的主要内容与方法

一、研究内容

本研究将分五部分展开：

第一部分（对应本书第二章）：合作社中社会资本的作用和地位。从学术界对合作社本质的争议和传统理论对合作社解释的缺陷入手，通过引入社会资本方法，重新构建用于解释合作社存在合理性的理论框架，进而分析合作社中社会资本的作用和地位，探讨遵守国际合作社联盟确立的七项合作社原则的重要意义和价值。

第二部分（对应本书第三、第四章）：合作社社会资本和多维贫困的概念界定与测算方法。本书的第三章基于对有关社会资本概念文献的梳理、总结和分析，结合经济学中的资本概念框架，重构了一套社会资本概念体系，进而衍生出相应的合作社社会资本概念，并在概念界定的基础上，创新借鉴社会资本测量的已有方法，构建了一套合作社社会资本测量指标体系。本书的第四章在大量文献研究的基础上，综合考虑中国当前发展阶段和脱贫攻坚任务目标等因素，清晰界定能力贫困的概念内涵，详细探讨多维贫困的测量方法，完善构建了多维贫困指数。

第三部分（对应本书第五章）：合作社社会资本多维减贫机制分析。首先，分别探讨合作社社会资本在健康、教育和生活水平三个维度的减贫机制，提出合作社社会资本影响各维度贫困程度的理论假设，进而综合提出合作社社会资本影响农户多维贫困概率和多维贫困程度的理论假设；其次，探讨合作社社会资本通过影响收入，进而影响农户多维贫困状况的机制，即收入的中介效应；最后，探讨合作社内部网络环境和社员对合作社社会资本动用能力两个变量，在合作社社会资本多维减贫过程中所发挥的调节作用。

第四部分（对应本书第六、第七章）：合作社社会资本多维减贫效应的经验检验。本书的第六章首先介绍实地调查和数据处理的情况，然后对样本农户多维贫困状况和个体社会资本存量，样本合作社内、外部社会资本存量，以及样本农户动用合作社社会资本能力进行测量和统计分析，一方面有助于人们了解中国农村家庭多维贫困和社会资本的现状，另一方面也为第七章的经验研究提供数据支持。本书的第七章将利用实地调查数据，对第五章提出的有关合作社社会资本多维减贫的理论假设进行经验检验。

第五部分（对应本书第八、第九章）：合作社社会资本多维减贫政策分析。本书的第八章首先总结合作社多维减贫的国际经验，然后对有关我国农民合作社发展和农民合作社助力脱贫攻坚的国家层面政策体系进行整理分析，最后根据合作社扶贫调查获取的第一手资料开展案例分析，以期为进一步调整完善我国合作社多维减贫政策体系提供支撑。本书的第九章首先总结了本研究的主要结论，然后提出了相应的对策建议。

二、研究方法

文献研究方法。通过对国内外社会资本减贫、农民合作社社会资本和农村多维贫困等相关文献的整理归纳，清晰界定合作社社会资本与农村多维贫困的概念，并完善构建相应测评方法体系。

系统分析方法。用系统的思想分析农村社会资本转换与合作社社会资本的形成机理、贫困人口获取和积累合作社社会资本的路径和机制、合作社社会资本影响农村多维贫困的机理。

调查与统计分析方法。本书选择湖北省和甘肃省开展代表性调查。调查分为农户调查与合作社社长调查两部分。农户调查内容主要包括农户基本信息、多维贫困状况、收入状况、个体中心网状况、对合作社网络环境的评价、对合作社的社会资本投资 6 个模块。社长调查内容主要包括个人及合作社基本信息、合作社外部网络情况两大模块，社长访谈内容主要涉及合作社在脱贫攻坚中的一些经验以及存在的问题和建议等。基于统计和调查数据，对合作社社会资本和农村多维贫困的现状和特征进行统计分析。

计量分析方法。采用多元层次回归和 Probit 模型等计量经济学方法，分别对合作社内外部社会资本影响健康、教育和生活水平维度贫困程度的理论假设，合作社内外部社会资本影响多维贫困概率和多维贫困程度的理论假设，收入在合作社社会资本多维减贫过程中发挥中介效应的理论假设，以及合作社内部网络环境和社员对合作社社会资本动用能力两个变量在合作社社会资本多维减贫过程中发挥调节作用的理论假设进行经验检验。

案例分析方法。将助力脱贫攻坚、发挥带贫作用的合作社分为农业公司或农村精英领办型、村党支部或党员干部领办型和贫困户联办型三类，分别选取典型合作社进行案例分析，探讨各种模式的优势和弊端。

第三节　本研究的创新之处

本研究从社会资本视角解释合作社与其他治理机制的本质区别，探讨合作社原则的重要性和必要性，提出了一些新观点。现有研究对合作社的本质规定性，以及我国合作社发展是否需要严格遵守国际合作社联盟确立的七项合作社原则还存在争议。现有研究使用交易成本理论对合作社存在合理性，以及合作社与其他治理机制本质区别的解释还存在缺陷。针对上述争议和缺陷，本研究通过分析提出以下观点，不同治理机制用于规范资源分配的经济规则是不同的，市场机制的经济规则是价格，科层组织的经济规则是权力关系，而合作社的经济规则是其拥有的社会资本，因为合作社成员之间是一种对称性的相互依存关系，他们具有平等地位，合作社内部的成员协调和资源分配主要取决于成员之间的人际关系质量，因此，社会资本与合作社的关系，类似于价格与市场、权力与科层组织的关系，合作社可以被视为基于社会资本的组织；在国际合作社联盟确立的七项合作社原则中，前四项原则旨在确立合作社成员间的相互依存关系基本上是对称性的，起到维持社会资本作为组织资源和经济规则的重要作用，后三项原则的意义则在于促进合作社社会资本的积累。

本研究创新发展了社会资本概念体系，并在此基础上提出合作社社会资本概念体系。（1）现有文献中对个体社会资本和集体社会资本的定义缺乏衔接，将个体社会资本定义为社会网络中的“特殊资源”，如信息、社会支持等，将集体社会资本定义为某些“社会网络特性”，如信任、规范等。本研究提出，集体是由个体组成的，个体和集体社会资本的本质都是网络资源，集体内部潜在社会资本是成员个体社会资源的总和，而信任和规范等网络环境特征则作为影响潜在社会资本存量向实际社会资本存量转化的决定因素。（2）现有文献对社会资本的归属问题见解不一，有文献将社会资本视为公共物品或准公共物品，也有文献反对这种观点。本研究界定了具有明确网络边界的“个体中心网”和“集体内部网”，并证明在具有明确边界的社会网络中，社会资本更倾向于私人物品。（3）界定了基于“个体中心网”和“集体内部网”的社会资本概念，并将这两个概念与个体行为和集体行为分析联系起来。（4）解释了“不同社员对合作社社会资本使用量存在差异”的原因。一是不同合作社内部潜在社会资本存量存在差异，二是合作社内部潜在社会资本存量向实际社会资本存量的转化率存在差异（受合作社内部网络环境影响），三是社员对合作社社会资本动用能力存在差异（取决于社员对合作社社会资本的投资）。（5）定义了社会资本投资和折旧的含义，将社会交往中的给予行为视为社会资本投资，社会交往中的受益行为视为社会资本折旧，从而解释了社会资本存量的变化机制。

本研究完善建立了一个合作社社会资本多维减贫理论框架，提出合作社社会资本能够直接和间接地减轻多维贫困，合作社内部网络环境和社员行为的差异都会对减贫效果产生影响。（1）合作社社会资本可以通过社会支持途径对健康维度贫困产生直接影响。加入合作社，农户就能在更广泛的社会网络中寻求物质、情感和信息方面的社会支持。（2）合作社社会资本可以通过网络资源和社会闭合两种机制对教育维度贫困产生直接影响。加入合作社，能使农户新建一些社会关系，拓展其社会网络的规模，提升其社会网络的层次，这不仅能使家庭获得更多、更有效的有助于教育获得的网络资源，而且会提升家长使用社会资本促进子女教育获得的意愿。加入合作社的家庭能够在更大的社会网络中获取信息，更多的信息获取和正向示范效应将有效提升家长对子女学习方面的重视程度，促使家长在子女学习上投入更多的时间和精力。（3）合作社社会资本还可以通过一些机制对生活水平维度贫困产生直接影响。在住房、卫生设施和耐用品等私人物品消费方面，合作社社会资本能通过消费的示范效应和价格效应，促进农户消费档次的提高。在清洁燃料、清洁饮用水和电力等公共物品供应方面，合作社社会资本能够将分散的农户集中起来，在公众决策和资源配置中发挥重要作用，发动社员共同参与公共物品的生产和供应。（4）合作社社会资本可以通过提高劳动生产率、降低交易成本、促进适宜技术推广、破解融资困难、促进创业和提供就业机会等渠道对提高农户收入发挥积极作用，进而间接影响农户在健康、教育和生活水平等多维度贫困水平。（5）合作社内部社会资本的多维减贫效果，受到合作社内部网络环境的限制。因为合作社内部潜在社会资本存量中有多大比例能够转化为合作社内部实际社会资本存量，取决于合作社内部网络环境。（6）合作社社会资本对不同贫困社员的多维减贫效果也存在差异，主要受到社员对合作社社会资本动用能力的影响。

第二章　合作社中社会资本的作用和地位

本章将从学术界对合作社本质的争议和传统理论对合作社解释的缺陷入手，通过引入社会资本方法，重新构建用于解释合作社存在合理性的理论框架。

第一节　合作社的本质规定性：学术界的争论

国际合作社联盟（ICA）将合作社定义为“人们自愿联合，通过财产共有和民主管理，来满足共同的经济和社会需求的自治组织”。1995年9月，国际合作社联盟在英国曼彻斯特市举行了成立100周年的第31届代表大会，为了适应不断发展变化的形势并用以指导21世纪的合作运动，与会代表进一步修改和重新确立了合作社的七项基本原则（ICA，1995），如表2－1所示。

表2－1　　国际合作社联盟确立的合作社基本原则

合作社基本原则	解释说明
自愿与开放的成员资格	合作社是自愿加入的组织，向能利用其服务并承担成员责任的所有人开放，不允许有任何性别、社会、种族、政治或宗教歧视。任何人只要有业务需要都可以申请加入，加入合作社后必须有实际的交易。合作社是使用者组织，目的是满足成员需要；而公司则是投资者组织，其目的是赚钱。
民主管理	合作社是由成员控制的民主组织，成员积极参与制定政策和做出决策，选出代表对全体成员负责。在基层合作社，成员有平等的投票权（一人一票），其他层次的合作社也以民主方式组成。合作社成员大会中都是一人一票，而一般公司组织则是一股一票。合作社强调的是成员不仅拥有参与制定经营策略的机会，还有决策的机会。

续表

合作社基本原则	解释说明
有限的资本补偿	成员对合作社的资本做出公平贡献并加以民主控制，通常至少有一部分资本是作为合作社的共同财产，为取得成员资格而认缴的资本通常只能使成员得到有限的回报。盈余分配的目的主要包括：发展合作社，如设立公积金，其中至少有一部分是不可分割的；按成员与合作社之间交易额的比例返还给成员；支持成员同意的其他活动。
自治和独立	合作社是由其成员控制的自治和自助的组织，即使合作社需要与其他组织（包括政府）达成协议或通过社外渠道筹措资本，成员的民主控制和合作社的自治原则也不应受到损害。政府可以辅导协助合作社，但不能干预成员大会的决策。
教育、培训和信息	合作社为其成员、经理人及雇员提供教育和培训，以使他们能有效地促进合作社的发展。合作社要让公众广泛了解合作的本质及其优越性，要把合作社宣扬出去，让合作事业在各领域普遍发展。
合作社之间的合作	合作社要最有效地为其成员服务，并通过与地区、国家及国际层面的组织协作，以加强合作运动，通过与其他种类合作社合作，获得更多社会网络资源，以服务其成员。
关注社区发展	社区是合作社发展的基地，合作社与社区互动良好，合作社就会有很好的经营基础，并为社区创造就业机会，使社区资源保留在社区中。合作社根据成员批准的政策来促进其所在社区的持续发展。

资料来源：ICA，1995，“Statement on the Co－operative Identity”，Geneva：International Co－operative Alliance。

我国农村的特殊情况导致农民合作社实践特别多元化、合作社类型也特别丰富。2007年《中华人民共和国农民专业合作社法》（以下简称《合作社法》）颁布之后，各地农民专业合作社迅猛发展，在这一过程中，各种“假合作社”“翻牌合作社”“精英俘获”“大农吃小农”等不合意现象也逐渐暴露出来，使得人们对合作社的本质规定性难以辨识。近年来，国内学者对合作社的质性规定问题的讨论一直没有停止，即合作社有别于市场交易、科层组织等其他组织形式的本质区别究竟是什么？（张晓山，1999；杜吟棠和潘劲，2000；苑鹏，2001；国鲁来，2001；应瑞瑶，2002；林坚和王宁，2002；徐旭初，2003；廖运凤，

2004；潘劲，2011）

在经济学意义上，合作社是成员共有资产的剩余决策权和所有权的治理结构（徐旭初，2012）。合作社与成员的关系既不是完全外包的市场交易关系，又不是完全内化的科层组织关系，而是介于两者之间的市场与科层相结合的产业组织关系（黄祖辉，2008）。通常人们更关注的是合作社在意识形态层面的本质规定性。在这方面，国际合作经济界的基本共识：合作社是一种兼有企业和俱乐部双重属性的社会经济组织（Draheim，1955）。该共识一方面强调了合作社的商业组织性质，另一方面强调了合作社民主管理和有限资本补偿的原则。国内许多学者从合作社的价值理念以及国际合作社联盟确定的七项原则出发来讨论合作社的本质和内核。一些学者认为，合作社的制度特征有自己特定的适用范围，因而主张严格遵守"合作制的本质就是要限制外部资金进入企业并分割企业利润，如果允许大量外部资金进入企业并分享其收益，它就不是合作制而是股份制企业了"（廖运凤，2004）。但是，更多的学者则主张灵活把握。例如，应瑞瑶和何军（2002）认为，在合作社的诸原则中，成员民主管理原则、有限资本补偿原则两项是根本性的，但成员民主管理也不必拘泥于一人一票。牛若峰（2004）认为，在一人多票的情况下，为防止大股东控制合作社，要规定成员持股额度和股金投票权的比例；合作社可以吸纳社会资金参股，投资持股者可以参与按股分红，但不干预合作社的经营业务。

合作社天然地具有追求社会公平与经济效率的双重目标，相应地，二者之间的矛盾也成为合作社与生俱来的矛盾（林坚和王宁，2002）。苑鹏（2006）认为，尽管合作社千差万别，但其制度安排的本质是一样的，即成员的所有权、控制权和收益权是建立在其对合作社使用的基础上的。徐旭初（2005）也认为，合作社与其他经济组织的根本区别在于成员身份的同一性，即成员既是合作社的所有者（投资者），又是合作社的惠顾者（使用者）。他还指出，合作社可能出现若干种偏离

"理想型"合作社的制度形态，特别是在合作社进入追求附加值阶段，这种偏离几乎是必然的。黄祖辉和邵科（2009）认为，随着时代的变革，合作社的本质规定性正在发生漂移，这种情况对中国农民专业合作社发展也有重大影响。为此，既要充分认识合作社有别于其他组织的本质规定性及其漂移的不可避免性，也不必强制干预这种漂移的发生，而应鼓励成员按照章程自主选择是否允许以及在多大程度上允许这种漂移的发生。同时，政府部门则可以通过相关法规合理引导这种漂移。

围绕纷繁的农民专业合作社发展现状，张晓山（2009）提出，在今后合作社的发展进程中，作为成员的农民能否成为专业合作社的主体？他们在合作社中的经济利益是否能得到维护，民主权利能否得到保障？他们获取的剩余能否增加？合作社的资产所有权、控制决策权和受益权是否能主要由他们拥有？这应是农民专业合作社未来走向健康与否的试金石，而这必须由实践来检验。任大鹏和郭海霞（2009）则具体讨论了"合作社的真伪之辨"，认为自《合作社法》实施以来，评定一个合作社的真伪，首先，需要在法律框架下根据《合作社法》确立的合作社原则进行对照与辨析；其次，工商部门的登记注册环节也是程序上一个重要的认定指标；同时，还要在现实中认真分析合作社的运作方式和功能，尤其要看它在治理机制、盈余分配两个环节是否真正体现了合作社的特征。潘劲（2011）则提出了鲜明的质性疑问："百分之八九十的股权掌控在单个成员手中，在这样的合作社中，还能有真正的民主吗？如果说合作社是低成本运作，没有多少盈余，从而不能按交易额比例返还盈余，人们对此还可以理解；那么，没有按交易额比例返还的盈余，却有按股分配的利润，这利润又是从何而来？如果合作社盈余全部按股分红，与交易额没有任何关联，这又与投资者所有的企业有何区别?"

通过对现有文献的梳理和回顾，不难发现，目前我国农民合作社中的很大一部分是"名不副实"的。本研究聚焦合作社扶贫的机制和效应问题，因此对合作社的概念进行界定，对合作社本质规定性的漂移现象进行解释，对合作社的社会定位进行探讨，是无法回避，并且是需要解决的首要问题。

第二节　合作社的存在合理性：现有理论解释的缺陷

解释合作社存在合理性的现有研究，大多数是采用新制度经济学理论，尤其是交易成本理论，这些研究大多关注合作社治理与其他替代性治理机制的相对属性。当合作社能够提供节约交易成本的可能时，合作社就会作为一种管理交易的制度安排存在。

Bonus（1986）提出了一个有趣的合作组织交易成本分析，其基本论点：合作社产生的主要好处是通过将关键交易内部化到由特定交易资源持有者共同拥有的组织里来实现的，从而避免了外部机会主义者的潜在威胁。通过这种方法，他解释了在罗奇代尔（Raiffeisen）[①] 时期德国农村地区的地方信用合作社的出现。城市银行不具有生活在农村地区的小农户和商人的信用信息，便无法向他们提供贷款。因此，当地的高利贷者垄断了信贷市场，他们投入大量资源来获取信用信息。然而，这些地区的居民设法通过建立当地信用合作社来内化信贷交易，这些当地信用合作社有效利用了本地信息库和成员彼此之间的亲密关系，并在此基础上收取较低的利率。

Staatz（1987）用交易成本方法解释了农业合作社的存在合理化，他认为农业合作社存在的原因：（1）农业的高资产专用性产生了租金，农民的交易伙伴可以通过机会主义行为来获取这些租金。农民也可以通过组建合作社来抵制和消除这种机会主义，合作社为他们提供了市场力

---

① Friedrich Wilhelm Raiffeisen（1818 年 3 月 30 日至 1888 年 3 月 11 日）是德国的一位市长和农村信用合作社的先驱。一些信用合作社和合作银行以 Raiffeisen 的名字命名。

量并确保他们拥有进入市场的机会；（2）合作社内部化那些由于农业市场固有风险所导致的具有高度不确定性的交易，合作社可以通过在惠顾返还时进行应急定价，或为其成员提供一定程度的收入保险来解决；（3）合作社能够内部化交易伙伴强加给农户的外部性，包括产出方面（保持农产品质量）和投入方面（确保投入品质量）。

一些团队经济理论文献也从交易成本角度对合作社的存在合理性提供了解释（Williamson，1975；Holmstrom，1982；Alchian 和 Demsetz，1972）。根据团队理论，建立团队的主要动机是个人劳动投入的不可衡量性。当这种情况发生时，由于越来越多的推卸行为（Alchian 和 Demsetz，1972）以及网络信息的全面处理能力有限（Williamson，1975），使得团队成员数上升导致的弊端不断增加，因此团队成员引入了利润分享机制。而当这种弊端达到临界水平时，团队将被投资者所有的企业（科层组织）所取代，这也在一定程度上解释了现实中广泛观察到的合作社的科层化和商业化趋势。

上述解释合作社存在合理性的交易成本理论，存在两个方法论上的特征：一是“保护导向”，认为人们为了寻求保护措施，以防止由交易伙伴的机会主义行为所导致的合同风险，而发起建立合作社；二是认为不同治理机制是可以相互替代的，在管理特定交易时，不同的治理机制对应于不同的交易成本水平，而人们则倾向于选择交易成本较低的治理机制。Beckmann（2000）和 Bonus（1986）将合作社认定为一种混合组织形式，介于市场和科层组织之间。

上述两个特征表明基于交易成本理论的解释并非尽善尽美。首先，当任何类型的合作倡议处于初始阶段时（例如，农民共同购买联合收割机，或村民为其子女建造学校），预防合同危害并不一定成为这种合作行为的动机。例如，在所提到的例子中，可能不涉及专用性资产，个人投入也能够被轻松地测量并分割开来，并且可能不存在准租金被征收的风险。因此，交易伙伴的机会主义行为所带来的风险并不总是导致人们发起建立合作社的先决条件。其次，在比较合作社和科层组织时，交易成本方法的基本思想是，不同的治理机制实际上是可以相互替代的，然而这种替代性，可能会受到质疑。Draheim（1955）提议区分工具合作社和市场合作社，市场合作社试图作为交易中介来加强其成员的市场力量，但即使没有市场合作社，这些交易仍可以由市场机制来运行，即合作治理与市场治理可相互替代。但工具合作社则不同，它关注的是那些通过市场机制无法满足的成员需求。Draheim（1955）指出，工具合作社实际上填补了市场的空白，从利润导向的角度来说工具合作社承担了那些没有吸引力的业务。例如，电力合作社将发电公司的电力传输到遥远的地区，这对发电公司来说显然是无利可图的；医疗保健合作社在没有足够的公共医疗保健的地方经营成员自己所有的医院；机械合作社允许个体农民共同使用特别昂贵的大型机器。换句话说，工具合作社正是针对那些在以利润为导向的治理机制（包括市场和投资者所有的企业等）中不可能或不可行的交易，它代表了实现某些交易的唯一可能的治理机制。在合作社不存在或不起作用的情况下，这些交易根本不会发生，而不是可以被其他治理机制替代。因此，现实中可能存在合作社和非合作社治理机制之间无法替代的情况，在这种情况下，交易成本方法不能解释合作社存在的合理性。

综上所述，合作社的建立不能总是归因于防止合同风险，而且合作社治理机制也并非总能被市场或投资者所有的企业替代，因此，需要其他方法来解释合作社存在的合理性。

第三节　社会资本方法的引入

本研究解释为什么合作社可能无法被其他治理机制替代的基本观点是，不同的治理机制旨在解决经济行动者之间不同类型的相互依存关系。

在行动者追求某种经济资源时，往往仅靠自身无法实现资源获取目标，但却可以通过与其他行动者的互动来获取，于是行动者之间便出现了相互依存的经济关系。行动者可以采用不同治理机制与其他行动者互动以实现获取资源的目的，这些治理机制大致可以分为以下四种：（1）市场：行动者通过市场交易从其他行动者那里购买所需资源；（2）混合：行动者通过从其他行动者那里租赁，在一定时期内获得所需资源；（3）科层组织：行动者通过雇佣其他行动者，购买技术设备，来生产所需资源；（4）合作社：行动者通过与追求相同资源的其他行动者合作，来生产所需资源。

那么导致人们选择上述不同治理机制的一般性原因是什么？我们认为，应该是在追求资源的联合生产过程中经济行动者之间的相对地位。由于行动者之间初始禀赋不同，一些行动者可能比其他行动者对资源生产的贡献更大。例如，某个行动者可以开发出用于生产所需资源的核心技术，利用这一技术生产所需资源的过程中还需要其他物质和劳动投入，所需物质投入可以从其他行动者那里购买，所需劳动投入可以通过雇佣其他行动者来获得。在这个例子中，核心技术在联合生产过程中是至关重要的，而购买或雇佣的其他投入则没那么重要。当行动者在追求资源的联合生产过程中呈现出这种差异化的相对地位时，我们称行动者之间这种相互依存关系为非对称的相互依存关系。

行动者在追求资源时采用何种治理机制，受到行动者之间相互依存关系的影响。站在联合生产参与程度最高的行动者的角度，上述四种治理机制的特征可以表述如下：（1）市场：与其他行动者的依存度最低；互动仅限于达成某项交易，其他行动者不参与生产过程和管理决策；（2）混合：与其他行动者的依存度低，互动包括达成交易和部分参与生产过程，但不包括管理决策；（3）科层组织：与其他行动者的依存度中等，互动包括充分参与生产过程，但不包括管理决策；（4）合作社：与其他行动者高度依存，互动包括平等参与生产过程，以及管理决策。

行动者之间高度依存的合作社治理机制在对称性相互依存关系（不同行动者参与联合生产的投入在重要性上大致相同）下是有利的。当相互依存关系对称时，行动者很自然地期望所采用的治理机制能够支持所有合作伙伴平等参与生产和管理过程。

不同的治理机制与行动者之间不同的相互依存关系相对应，是基于行动者互动的不同经济规则，这些经济规则的作用是为了在相关交易时规范资源分配的过程。当行动者之间存在不同程度的非对称性依存关系时，这些经济规则分别对应价格（市场）和权力关系（科层组织）。而在对称性相互依存关系的情况下，如果采用合作社治理，所有成员都具有相同的地位，不会相互购买任何东西，也就是说，协调行动者互动的经济规则既不是价格也不是权力关系。那么，在合作社中规范资源分配和协调成员关系的经济规则又是什么呢？关于这一问题的分析，得到如下观点，合作社内部的成员协调和资源分配主要取决于其成员之间的人际关系质量。成员之间发展出的人际关系越好，沟通、协调和集体决策过程就越灵活顺畅。合作社对未来商业活动的规划，以及对不可预见的突发事件的适应能力，都取决于成员之间存在的相互理解、信任和同情程度。因此，可以认为合作社的经济规则是其拥有的社会资本，社会资本在合作社中发挥着与价格在市场中、权力在科层组织中相同的作用。因此，合作社可以被视为基于社会资本的组织。

第四节　基于社会资本的合作社

新制度经济学的核心问题，特别是交易成本理论，是对不同治理机制（包括市场、混合治理和科层组织）的比较分析（Williamson，1975；1985；1996）。以下将市场、混合治理和科层组织这 3 种治理机制统称为“资本主义”治理。“资本主义”治理所存在的劣势正是导致合作社（作为“非资本主义”组织）出现的根本原因。本节将尝试对这两种治理类型的一般特征进行比较。

文献中提供的合作社和“资本主义”治理的广泛比较指出了合作社的优势和劣势。导致其劣势的根源在于一系列所谓的“激励问题”，主要包括：共同财产问题（成员的股权贡献可能与利益分配不成比例）、监督问题（决策管理交由并非剩余索取人的专业人才负责）、影响成本问题（某些成员群体可能有相反的利益并为此进行高成本的游说活动）、决策问题（大量异质性的成员使达成一致同意的决定变得困难，民主决策通常与更高的交易成本相关联）（Schmitt，1993；Borgen，2003）。这些激励问题和集体决策困境使人们有理由认为，与“资本主义”治理机制相比，合作社治理的交易成本更高。

然而，合作社被认为在满足其成员的需求方面却比“资本主义”治理机制更有优势。作为美国合作社研究学院的早期代表人物，Nourse（1922）表示合作社代表着“对真正的过度竞争的攻击”。例如，消费者合作社的成员不必为公司由竞争所导致的大量营销活动付费，因为合作社拥有成员真实的需求信息；营销合作社的成员有可能避免与中间商互动的交易成本，从而以更高的价格出售他们的产品；机械共享和服务合作社通过最大限度地降低某些专业服务的成本，为提高组织的整体效率创造了可能性。合作社通常可以通过打击垄断、发展“反补贴权”来提高其成员的福利水平并改善其所在市场的表现。而在“资本主义”治理机制中，所有这些效率改进都是不可能的。

这两个截然不同的观点如何相互关联？虽然可以假设合作社的优势和劣势在一定程度上会相互抵消，但由于其量化和经验测量存在显著困难，因此对它们的直接比较是很困难的。那么，是否有可能在合作社的优势和劣势之间形成某种理论上的统一？要达到这一目标的关键在于，作为社会资本的组织，合作社表现出很高的社会资本依赖性，即需要大量的社会资本来确保其良好的表现。因此，合作的局限性（激励问题和决策困境）可以解释为社会资本不足的结果。换句话说，如果假定合作社总是拥有适当数量的社会资本，那么人们只会观察到合作的优势。

合作社高度依赖社会资本的事实意味着，行动者之间的人际关系对合作社治理机制的可行性和效率起到决定性作用。解决对称性相互依存关系的治理机制（合作社）对社会资本的依赖性较高，解决不对称相互依存关系的治理机制（市场和科层组织等）对社会资本的依赖性较低，而科层组织相较于市场又更多地依赖于社会资本。

社会资本的关键作用，就像合作社的其他组织属性一样，可以从其相对成本和收益角度来看待。虽然它肯定意味着额外的成本（用于必要的社会资本投资），但它可以使组织达到相当高的适应市场环境变化的能力。Williamson（1996）对市场和科层组织进行了对比，他指出，与市场相比，随着行动者相互依存关系逐步增强，利用正式组织协调应对意外干扰具有适应性优势。科层组织的优势主要体现在强化激励机制以对抗机会主义行为，而基于社会资本的合作社的优势则在于（在合作社内部）消除机会主义行为本身。这种可能性是由群体目标的内化产生的，因为每个合作社成员都有意识地追求群体目标，即个人目标的实现与群体目标的实现成正比。群体目标的内化显然是对称相互依存关系的基本属性，而这种对称性相互依存关系需要基于社会资本的组织来协调。集体目标内化可以作为将合作社与“资本主义”治理进行比较的另一个方面，它与决定个体经济行为动机的性质相关。促进群体目标的愿望必然意味着合作的直接动机不是获取个人利益，而是共同的自助动机。然而，在“资本主义”治理中，互动的直接动机无疑是个人利益，如获取市场交易中的利润和科层组织内的职业报酬。

为了对上述有关合作社和两种“资本主义”治理机制的比较分析进行更好的总结，我们将简要概述它们的主要优势和局限性（见表 2－2）。市场和科层组织的优势主要在于分别实现自治和相互适应的卓越能力。虽然相互适应在双边相互依存的情况下被认为是有利的，但我们的方法表明区分不对称和对称的相互依存性是有意义的，后者更适合于通过合作组织而非科层组织来管理。关于各种治理机制的局限性，市场不能为高度不对称类型以外的相互依存关系提供有效的治理，科层组织可能涉及重大的官僚成本（Williamson，1985），而合作组织为了有效运作，需要大量的社会资本。作为合作社发展的主要瓶颈，高社会资本依存性可以说是导致它们持续科层化和商业化过程的主要原因。

表 2－2　　治理机制的比较分析

项目	治理机制		
	合作社	科层组织	市场
适合的行动者相互依存关系	对称性	轻度非对称性	高度非对称性
行动者互动的直接动机	共同的自助动机	获得职业报酬的动机	获取利润的动机
社会资本的重要性	很重要	不是很重要	不重要
应对市场变化的适应能力	很高	高	低
机会主义动机	消除的	存在的	存在的
主要局限性	对社会资本要求高	高官僚成本	相互适应困难

注：以下非特别说明，均由本书作者提供。

第五节　社会资本与合作社原则

正如前述讨论所证明的那样，社会资本的可用性对于合作社的创建和发展具有重大意义。第一，社会资本是合作社的组织原则，而非价格和权力关系；第二，社会资本是合作社的主要资源，而非其他类型的资本（特别是金融资本和物质资本）。这两个角色显然是相互关联、相互支持的。本节的目的是重新解读合作社原则，将其视为促进社会资本上述两种作用的治理工具。

由于合作社的主要限制条件是高度依赖社会资本，所以自然需要促进社会资本。社会资本积累需要时间，并且由于这种类型的资本与其他资本相比，存在某种特质，即与其承载者的个人身份有着紧密联系（Valentinov，2003）。这使得社会资本难以在空间或时间上进行转移。此外，随着合作社成员的规模扩大和异质化提高，维持社会资本作为主要组织资源可能变得更加困难。

当合作社比“资本主义”治理表现出更加明显的局限性时，可以预期社会资本以外的组织原则会被引入到合作社的运作中，“合作退化”现象出现。考虑到合作社治理“反对”另外两种主要类型的“资本主义”治理（市场和科层组织），可以将合作退化分为两种主要趋势：一是科层化，权力关系取代社会资本，以不成比例的方式扩大管理人员的权力；二是商业化，社会资本被个人利益的激励所取代，这是价格中介关系的特征。这两个过程虽然不完全相同，但彼此密切相关，且彼此并行，管理人员对治理过程的控制力加强可能是成员由积极参与转为逐渐退出的原因或是结果。

合作社科层化和商业化背后的主要原因是社会资本可用性不足。因此，需要一些保护措施来抵御“合作退化”，这些措施既作为组织资源也作为组织原则，旨在保护社会资本。我们认为，合作社原则体系便是这些保护措施，这种保护社会资本的功能也很好地解释了合作社原则的重要性。

表2－3　　合作社原则的合理化解释

合作原则	主要影响	解释说明
自愿加入	抵抗科层化	社会资本只能基于自愿的方式来建立，实施自愿加入可以促进社会资本成为科层制度中权力关系的替代品。
开放会员	抵抗商业化	当社会资本被分享给其他人时，其存量并不会萎缩。因此，合作社成员规模的扩张可以不受限制，随着合作社规模的扩张，其有益的经济影响被扩散到所有那些遵守相同规范和规则的人，这些规范和规则共同构成了特定的社会资本。

续表

合作原则	主要影响	解释说明
民主管理	抵抗科层化	“一人一票”规则反映了社会资本的规模取决于其个体承载者的个人身份的数量。每个个体承载者只能有一个身份，即合作社成员。因此，实行这一投票规则是社会资本作为组织原则的直接表达。
有限的资本补偿	抵抗商业化	这一措施显然是为了抑制通过合作社建立“经济”资本的动力，并以这种方式阻止“以价格为基础”的治理机制渗透到合作社中，因为它会破坏社会资本存量。
自治和独立	抵抗科层化	这种治理特征也反映了自愿方式的重要性，并防止任何科层权力企图占据社会资本的地位。
教育、培训和信息	投资社会资本	这些措施旨在直接通过促进规范、价值观和规则来加强社会资本存量，并在公众中增加合作社的社会资本。
合作社之间的合作	投资社会资本	由于所有的合作社都分享一套共同的价值观，因此他们有基础在相互之间发展某种社会资本，他们可以合理地利用这个机会，重新确认社会资本作为合作社的主要组织资源。
关注社区发展	投资社会资本	这一措施是试图在合作社所在的社区内建立社会资本，而不仅限于在合作社成员之间和公众之间建立社会资本。

如表2－3所示，前述合作社原则分为两类：一是支持社会资本成为组织资源；二是促进社会资本积累。前四个原则，即自愿与开放成员、民主管理、有限的资本补偿、自治和独立，属于第一类，因为它们主要描述了合作社治理的本质。最后三项原则，即教育培训和信息、合作社之间的合作、关注社区发展，涉及投资社会资本的过程。

第六节　本章小结

国际合作社联盟（ICA）对合作社的定义刻画了“理想型”合作社的轮廓。根据国际合作社联盟的观点，“理想型”合作社应该遵守以下七项合作社基本原则“自愿与开放的成员资格”“民主管理”“有限的资本补偿”“自治和独立”“教育、培训和信息”“合作社之间的合作”“关注社区发展”。然而，在我国农村纷繁复杂的合作社实践中，各种“假合作社”“翻牌合作社”“精英俘获合作社”层出不穷，出现了若干种偏离“理想型”合作社的形态。围绕我国合作社实践中的种种乱象，学术界对合作社有别于其他治理机制的本质规定性展开了激烈讨论。大多数学者认为，合作社本质规定性的漂移不可避免，真伪合作社的判定标准不必严格遵守“理想型”合作社的全部基本原则。但是，真伪合作社的判定标准具体是什么？什么样的“偏离”和“漂移”是不能允许的？已有研究对这些问题的讨论并未形成一致性结论。于是，本研究从一开始就面临着一个巨大挑战，那就是合作社识别问题，是应该将所有在工商部门登记注册的合作社都视为合作社？还是应该仅将完全遵守国际合作社基本原则或《农民专业合作社法》相关规定的合作社视为合作社？或是将满足某些特定条件的合作社视为合作社？如果不能很好地解决这一问题，研究对象就不明确，研究结论也会不稳健。本章的研究目的就是力图解决这一问题。

合作社与市场、科层组织等其他治理机制的根本区别是什么？或者说，在市场和科层组织之外，为什么会出现合作社治理机制？如何解释合作社存在的合理性？现有研究主要采用交易成本理论来解释上述问题，认为合作社与市场和科层组织可以相互替代，人们选择采用哪种治理机制来管理交易取决于特定情况下哪种治理机制的交易成本更低。人们发起建立合作社的另一个目的是为了寻求一种保护措施，以防止由交易伙伴的机会主义行为所导致的合同风险。然而，现有研究对合作社存在合理性的上述解释并非尽善尽美。首先，面对一些“无利可图”的交易，合作社成为管理交易的唯一可能的治理机制，以利润为导向的治理机制（包括市场和投资者所有的企业等）与合作社之间不再具有替代性。其次，一些合作社在建立时，并不存在交易伙伴的机会主义行为所带来的风险，所以避免这种风险也无法为人们建立合作社的动机提供一般性解释。

由于现有研究对合作社存在合理性的解释存在缺陷，本章引入社会资本方法对这一问题进行重新审视。我们认为，行动者在追求特定经济资源的过程中，一般都需要与其他行动者进行互动，合作社、市场和科层组织就是可以用来管理互动的治理机制，而选用哪种治理机制则取决于行动者与其他行动者之间相互依存关系的类型。当行动者之间存在高度非对称性依存关系时，采用市场机制来互动更有利；当行动者之间存在轻度非对称性依存关系时，采用科层组织管理互动更有优势；而当行动者之间存在对称性关系时，采用合作社管理互动更合适。之所以不同的治理机制适用于行动者之间不同的相互依存关系，是因为不同治理机制用于规范资源分配的经济规则不同，市场机制的经济规则是价格，科层组织的经济规则是权力关系，而合作社的经济规则是其拥有的社会资本，因为成员之间对称性的相互依存关系，使他们具有平等地位，合作社内部的成员协调和资源分配主要取决于成员之间的人际关系质量。社会资本与合作社的关系，类似于价格与市场、权力与科层组织的关系，因此合作社可以被视为基于社会资本的组织。合作社需要大量的社会资本来确保其良好的表现，现有研究中所指出的合作社的局限性（激励问题和决策困境），都可以理解为是由社会资本不足导致的。

社会资本的可用性对于合作组织的创建和维护具有深远的意义。第一，社会资本是合作社的经济规则，而非价格和权力关系；第二，社会资本是合作社的主要资源，而非其他类型的资本（特别是金融资本和物质资本）。因此，合作社很自然地需要一系列旨在保护社会资本的措施。国际合作社联盟确立的七项合作原则中，前四项原则可视为支持社会资本作为组织资源的措施，后三项原则的作用则在于促进社会资本的积累。

本章研究结果显示，不同治理机制的本质区别在于经济规则不同，市场和科层组织的经济规则分别是价格和权力关系，合作社的经济规则是社会资本。而合作社原则可视为用于保护社会资本的措施。鉴于此，本研究不再需要专注于辨别现实中哪些合作社是“真”合作社，因为本章研究已经证明合作社的核心资源是社会资本，合作社拥有的社会资本存量是影响其绩效（包括减贫效应）的核心变量。可以说，本章研究进一步证明了合作社社会资本减贫研究的必要性和重要性，而且也为合作社减贫领域的进一步研究提供了一种的新视角和新思路。

第三章　合作社社会资本的概念界定和测量方法

合作社社会资本的概念界定是本研究理论基础部分至关重要的一环，对其概念内涵的理解不仅关系到合作社社会资本多维减贫理论框架的构建，而且关系到合作社社会资本测量方法的设计，还会间接影响合作社社会资本多维减贫效应的估计。因此，本书花费了极大的精力对有关社会资本概念的文献进行了梳理、总结和分析，并结合经济学中的资本概念框架，重构了一套社会资本概念体系，进而衍生出合作社社会资本概念，为社会资本相关理论研究作出了边际创新。另外，在概念界定的基础上，通过借鉴有关社会资本测量的已有文献，本章还构建了一套合作社社会资本测量方法。

第一节　有关社会资本概念的文献回顾与分析

1916 年，Hanifan（1916）首次使用了“社会资本”一词，此后 Seeley（1956）在研究郊区生活文化时，Jacobs（1961）在研究美国城市衰退时，也先后使用了这一名词，但上述作品当时并未引起人们的注意。直到 Loury（1977）对不同种族间收入不平等现象的研究，人们才开始对社会资本的概念和影响产生兴趣。有关社会资本的研究从 1980 年开始真正兴起，在 1990 年进入快速发展时期。这一时期，Bourdieu（1986）、Coleman（1988，1990）、Putnam（1993，1995b）、Burt

（1992）、Fukuyama（1995，1999）、Portes（1998，2000）、Lin（1999，2001）等研究为推动社会资本理论发展作出了重大贡献。因此本研究首先将上述学者，以及世界银行（World Bank）和经合组织（OECD）有关社会资本的定义进行了梳理（见表3-1）。

Bourdieu（1986）将资本分为经济资本、文化资本与社会资本三种类型，社会资本被他定义为一种“实际或潜在资源的集合”，这些资源存在于，与行为人相互认识或认可的人所结成的持久性关系网络之中，关系网络带有或多或少的制度化特征。他认为，人们可以通过社会资本获取关系网络中他人拥有的经济资本和文化资本，个人所拥有的社会资本量取决于他所能动用的关系网络的规模，以及关系网络中他人拥有经济资本和文化资本的数量和质量。换句话说，社会资本能够为群体中每一个成员提供群体共有的资本支持。将社会资本视为群体内部成员的公共物品是Bourdieu社会资本概念的一个明显缺陷。另外，Bourdieu认为社会资本属于经济资本和文化资本，并不能独立存在，这与后来人们将经济资本、人力资本和社会资本并列为三大资本的共识相违背。但无论如何，Bourdieu为社会资本理论所作出的奠基性贡献是不可否认的。

表3-1　　代表性文献中的社会资本概念

文献	概念表述
Bourdieu（1986）	行为人所拥有的，存在于与其相互认识或认可的人结成的持久关系网络中的，实际或潜在资源的集合。
Coleman（1988，1990）	由构成社会结构的某些方面组成的，能促进该社会结构中个人或组织某些行动的资源。
Putnam（1993，1995b）	社会资本是指社会组织的特征，如网络、规范和信任，可以通过促进合作行动而提高社会效率。
Burt（1992）	社会资本是指网络结构给网络中的各个节点提供资源和控制资源的程度。
Fukuyama（1995，1999）	社会资本是指一种有助于两个或更多个体间相互合作的实例化（Instantiated）的非正式规范。

续表

文献	概念表述
Portes（1998，2000）	社会资本是指个人通过他们的成员资格在网络中或者在更宽泛的社会结构中获取短缺资源的能力。
Lin（1999，2001）	社会资本是指在目的性行动（Purposive Action）中被获取的、被动员的内嵌于社会网络中的资源。
World Bank（1998）	社会资本是指决定一个社会各种社会交互作用性质与数量的种种制度、关系和规范，它反映着社会的凝聚力。
OECD（2001）	社会资本是指有助于促进群体内部或群体之间的合作的网络以及共享的规范、价值观念和理解。

资料来源：根据相关文献整理。

Coleman（1988，1990）试图通过引入社会资本概念，将经济学和社会学对人类行为的研究联系起来。因为经济学假定行动者是理性人，行为动机是利己主义，而社会学则假定行动者是社会人，其行为受到社会规范与义务的约束。他利用经济学的理性人分析框架，将社会资本视为一种能为理性人带来利益的特殊资源，理性人为了获取社会资本，就会受到社会规范与义务的约束。他将社会资本定义为“由构成社会结构的某些方面组成的，能促进该社会结构中个人或组织某些行动的资源”。他指出，社会资本与其他类型资本的不同之处在于，它既不附着于某个个体行动者（仅存在于关系结构之中），也不体现为某种物质形式。他指出，社会资本的存在形式有许多，例如，义务与期望、信息网络、规范和有效惩罚、权威关系、多功能社会组织、有意创建的组织等。各种类型的社会结构都会有助于发展某些形式的社会资本，行动者出于利己主义会有意识地建立和发展特定的社会关系。由于社会组织也可视为行动者的一种类型，所以组织之间的网络联系也能产生和承载社会资本。

Putnam在将社会资本研究从微观层面推向宏观层面发挥了引领作用，他认为，社会资本不只是某个人拥有的资源，而是全社会所拥有的财富，能够对一个国家或地区的宏观经济与民主发展产生很大程度的影响。他将社会资本定义为“社会组织的特征，如网络、规范和信任”，这些特征有助于提升社会效率，促进协调合作。该定义中的社会组织的含义十分宽泛，小到一个家庭，大到一个地区或国家。Putnam 认为“有更多社会资本的社区，共同行事就会更容易”。他还指出社会资本来源于人们之间的“互惠”行动。社会资本能显著增加物质资本和人力资本的回报率，对经济组织的绩效和活力有着重大影响（Putnam，1993；1995a；1995b；Putnam 和 Leonardi，1993）。

Bourdieu、Coleman 和 Putnam 针对社会资本的研究是极富开创性的，为后来者的研究奠定了基础（Halpern，2005），即使这些定义还存在外延过于宽泛，内涵不甚清晰等问题（Field，2003）。后来的研究主要关注两个问题：一是哪些网络结构的特征属于社会资本范畴，二是不同个体动用社会资本的能力差异从何而来。

Fukuyama（1995，1999）将非正式规范作为最重要的社会网络特征来定义社会资本，他所谓的非正式规范从两个朋友之间的互惠性规范一直延伸到那些像基督教或佛教组织那样复杂而精巧的教义，涉及的范围十分广泛。Fukuyama 非常强调信任的重要性，他认为群体成员之间共享的非正式规范，能够促进他们之间的相互合作，如果全体的成员与其他人将会采取可靠和诚实的行动，那么他们就会逐渐相互信任，信任就像是润滑剂，高度的信任可以降低交易成本，使群体或组织的运转变得更有效率。世界银行在定义社会资本时所使用的社会网络的特征包括制度、关系和规范（World Bank，1998）。经合组织的定义中涉及的社会组织特征又略有不同，包括规范、价值观念和理解（OECD，2001）。

Burt（1992）将社会资本定义为网络结构给网络中的各个节点提供资源和控制资源的“程度”。他从结构角度解释了导致个人或企业从社会网络中获取社会资本的程度存在差异的原因。Burt（1992）构建了一个非闭合性结构，行动者 A 与行动者 B 和行动者 C 都有联系，而行动者 B 和行动者 C 之间没有联系，行动者 A 所处的那个位置拥有的社会资本最多，他将行动者 A 所处网络位置称为结构洞（Structure Hole）。Burt 在定义社会资本时也特别强调了不同个体所拥有社会资本的差异，他将社会资本定义为个人从社会结构中获取短缺资源的“能力”。Portes（1998，2000）认为社会资本是结构嵌入的结果，特定的社会结构就存在于那里，行动者能够通过“理性嵌入”或“结构性嵌入”来具有某种成员资格，从而得到获取短缺资源的潜力。Lin（1999，2001）的社会资本定义中使用了“被获取”和“被动员”的字眼，用以说明，虽然社会资本植根于社会网络中，但不同个体所拥有社会资源的数量和质量却存在差异，这取决于个体所拥有社会网络的异质性、网络成员的社会地位，以及个体与其他网络成员的关系类型。

第二节　社会资本与合作社社会资本的概念界定

一、社会资本概念体系重构

（一）现有社会资本概念的缺陷

上述有关社会资本概念的经典文献为人们准确认识社会资本概念的内涵和外延作出了重大贡献，但同时也还存在一些悬而未决的问题有待进一步研究。

社会资本的本源究竟是什么？Coleman（1988，1990）、Burt（1992）、Portes（1998，2000）和 Lin（1999，2001）将社会资本定义为“特殊资源”，而 Putnam（1993，1995b）、Fukuyama（1995，1999）、World Bank（1998）和 OECD（2001）将社会资本定义为“网络特性”，显然两派观点存在分歧，那么社会资本究竟应该被视为“特殊资源”

还是“网络特性”？

社会资本究竟归谁所有，是私人物品，还是公共物品？Bourdieu（1986）将社会资本视为群体内部成员的公共物品，因此遭到不少学者的批评。而 Coleman（1988）指出，社会资本依附于任何个体行动者，仅存在于关系结构之中，也就是说社会资本也非私人物品。那么究竟应该如何定性社会资本的所有权，这对于有关社会资本的理论和经验研究十分重要。

如果将社会资本定义为某些特殊的社会网络资源，很显然，不同个体能够动用的这些社会网络资源的数量是存在差异的，这该如何解释？Burt（1992）、Portes（1998，2000）和 Lin（1999，2001）都试图回答这一问题。其中 Lin（1999，2001）的理论最为成熟，他认为，个体所嵌入的各种社会网络间异质性越高、网络成员的社会地位越高、个体与其他网络成员之间弱关系越多，则其拥有的社会网络资源就越丰富。其中网络成员的社会地位越高意味着网络成员各自拥有的社会网络资源越多，而网络之间的异质性和成员之间的异质性（弱关系）则意味着网络之间和成员之间各自拥有的社会网络资源重叠程度越小，因此，Lin（1999，2001）所指出的三个因素共同决定了个体所嵌入的各种社会网络中蕴含的社会网络资源的总和。换句话说，Lin（1999，2001）将不同个体能够动员的社会网络资源的数量差异归因于他们所嵌入的社会网络是不同的，由于不同的网络所拥有的资源量不同，所以个体能动员的社会网络资源数量也不同。课题组认为这样的解释仅考虑了部分影响因素，并不全面。设想两个人嵌入同一个社会网络，这两个人能够从该社会网络中动用的社会网络资源量就会相同吗？如果存在差异，影响因素是什么？在设想同一个人分别嵌入两个不同的社会网络，且这两个社会网络所拥有的社会网络资源是相同的，这个人分别能够从这两个社会网络中获取和动员的社会网络资源量会相同吗？如果存在差异，影响因素又是什么？现有研究对上述两个问题并未给出完善的解释。

在经济学概念框架下，所谓“资本”是指被用于获取收益的资源，因此资本只有在使用过程中才能真正称其为资本，例如，工具和厂房用于生产过程时被视为物质资本，教育和技能用于生产过程时被视为人力资本。为此，经济学家们围绕“资本”一词创造出了一整套概念体系，包括资本存量、投资和折旧。很遗憾的是，由社会学家们提出并发展的社会资本概念至今尚未形成类似物质资本和人力资本那样的概念体系，这大大阻碍了有关社会资本的经济学研究，尤其是定量研究。

（二）本研究构建的社会资本概念体系

鉴于有关社会资本概念的现有研究还存在上述缺陷，本研究将针对这些问题尝试边际创新，重构的社会资本概念体系如下。

1. 社会资本的本源

社会资本具有独立性，并不从属于其他资本，与物质资本和人力资本一样，都是一种可以被理性行动者（包括个体行动者和集体行动者）使用并获取收益的资源，物质资本所涉及的资源形式包括机器、设备、厂房、建筑物、交通运输设施等，人力资本所涉及的资源形式包括教育、技能和健康等，而社会资本所涉及的资源形式则包括信息、思想、机会和支持等，为便于表述，在本研究中，将社会资本所涉及的资源称为“网络资源”。

2. 社会网络的界定

社会网络是指基于网络节点之间相互连接而建立起来的一种社会关系形式，个体和以整体形式对外联系的集体（包括家庭、组织、社区、地区和国家）就是各个网络节点，网络节点之间的联系称为关系键，关系键或紧密或松散，网络边界或封闭或开放，如紧密而封闭的家庭成员网、松散而开放的微博粉丝网、松散而封闭的曾经同学网、紧密而开放的同事网。社会网络具有嵌套结构，小网络可以内嵌于大网络，网络之间可能有交集，一个网络可能同时嵌入不同的其他网络（Scott，1991）。

3. 个体中心网和集体内部网

本研究主要关注两类社会网络，即个体中心网和集体内部网。个体中心网原指以个体（包括以整体形式对外联系的集体）为中心与外界建立的社会关系网络，但是，正如一句俗语所说“你可以通过6个电话联系到世界上任何一个人”，也就是说，一旦考虑松散和间接的关系，任何一个个体中心网都不可能有明确的边界，甚至可以延伸到全球范围。如果这样定义个体中心网，中心节点很难动用外围节点所拥有的网络资源。因此，本研究将个体中心网定义为以个体为中心与外界建立的紧密型社会关系网络，类似于人们常说的“核心圈子”。所谓“紧密型社会关系”意味着，中心节点具有动用个体中心网中任意节点所拥有的网络资源的能力。换句话说，本研究定义的个体中心网具有明确的网络边界，边界以内的节点所拥有的网络资源能够被中心节点使用，而边界以外的节点所拥有的网络资源不能被中心节点使用。集体内部网是指集体内部成员之间建立的社会关系网络，集体内部网是一种有明确边界的社会网络，如家庭、公司、合作社、社区、国家等。

4. 社会资本的归属

经济学对公共物品和私人物品有严格的界定标准，公共物品需要同时具备非排他性和非竞争性，私人物品需要同时具备排他性和竞争性。分析发现，通过社会网络关系获取的机会（如就业机会、销售机会等）和支持（如经济支持或情感支持）具有明显的竞争性，个体A得到了机会或支持，个体B可能就会丧失机会或支持。而通过社会网络传递的信息和思想则可以在不同个体间共享，往往被认为具有非竞争性。但本研究认为，即使是可以共享的信息和思想，也是具有一定竞争性的，尤其是当这些信息和思想作为社会资本被人们用来获取收益时，哪怕其本来具有较高价值，也会因为广泛传播而使其价值大打折扣，如证券市场中通过社会网络获得的内幕消息，传播范围越小，能给投机者带来的收益越大。因此，有理由相信社会资本（来自于社会网络的机会、支持、信息和思想等网络资源）具有竞争性。另外，在具有明确边界和联系紧密的社会网络（如合作社、商会）中网络资源可以仅向内部成员开放，外部人被排除在外，这时社会资本具有排他性，而在没有明确边界且组织松散的社会网络中，很难阻止网络资源的流动和扩散，这时社会资本不具备排他性。由于本研究定义的个体中心网和集体内部网都具有明确的网络边界，因此，其中的网络资源都具有一定的排他性。综上所述，在本研究定义的个体中心网和集体内部网中，社会资本既具备一定竞争性，也具备一定排他性，更接近私人物品属性。个体中心网的社会资本归网络中心个体所有，并可以完全动用。集体内部网的社会资本理论上归集体所有，实际上会受到集体网络特征的影响，这一点在后续关于集体内部网社会资本存量的部分会详细论述。

5. 个体中心网的社会资本存量

在个体中心网中，中心节点能够完全动用其他节点所拥有的网络资源。因此，其他节点所拥有的网络资源总和被视为中心节点所拥有的社会资本存量，即个体中心网的社会资本存量。当然，个体中心网的社会资本存量并非其他节点所拥有的网络资源的简单加总，因为其他节点所拥有的信息、思想、机会等网络资源可能会存在交叉重叠，所以，更准确地说，个体中心网的社会资本存量等于其他节点所拥有的网络资源的并集。个体中心网的社会资本存量由三方面因素决定，一是其他节点的数量，二是其他节点所拥有网络资源的平均量，三是其他节点所拥有网络资源的异质性。其他节点越多，其他节点拥有网络资源的平均量越大，其他节点拥有网络资源的异质性越高，则个体中心网的社会资本存量就越大，这与 Lin（1999）提出的基于达高性、异质性和广泛性的个体社会资本衡量标准类似。

6. 集体内部网的潜在社会资本存量

集体内部网中所有成员拥有的网络资源的并集可视为该集体内部网的“潜在”社会资本存量。因为，当个体嵌入某个集体时，其个体中心网所蕴含的网络资源也随之嵌入，例如，当一位农产品经纪人加入某合作社，其拥有的销售网络就成为该合作社可以利用的潜在资源。与个体中心网社会资本存量的决定因素相同，集体内部网的潜在社会资本存量是由集体成员数量、集体成员个体中心网的平均社会资本存量，以及集体成员个体中心网的异质性决定的。集体内部网各成员所拥有网络资源的并集只能视为该集体拥有的“潜在”社会资本存量，因为上文分析中已经论证了，集体成员所拥有的网络资源属于私人物品，这就意味着，集体成员可以仅将自己拥有的一部分网络资源在集体中共享。

7. 集体内部网的实际社会资本存量

集体内部网的实际社会资本存量是指，集体内部网中各成员实际贡献给集体的网络资源的总和，它取决于集体内部网的潜在社会资本存量，以及成员网络资源的平均贡献率。而这个贡献率则取决于集体内部网络环境的某些特征，笼统地讲，可以将这些特征归结为“善意”（Goodwill），具体而言，包括信任、规范、同情和宽容等。Adler 和 Kwon（2002）指出善意能够使社会关系产生有利于行动的结果。我们有理由相信，在一个相互信任，拥有良好的互惠规范，充满同情和宽容的集体中，个体愿意贡献出更多自己拥有的网络资源，潜在社会资本存量向实际社会资本存量的转化率也就更高。

8. 社会资本的投资和使用

社会资本的投资和使用就像一枚硬币的两面，当社会网络中某个节点在使用社会资本时，也就意味着有其他节点在进行社会资本投资。因为，社会资本是在互惠交往中产生的（Putnam，1993），大部分“互惠”的结果是通过多次交往来实现的。例如，在首轮交往中，可能节点 A 从节点 B 那里获得了某些信息、思想或支持时，节点 A 是受益方，可视为社会资本的使用者，而节点 B 是给予方，可视为社会资本的投资者，因为在给予对方的同时，节点 B 也收获了节点 A 所欠下的“人情”，下一轮交往过程中双方的位置可能就会互换。当然，也存在单次交往就完成“互惠”的情况，这时双方都是受益者和给予者，都可同时视为社会资本的投资者和使用者。同理，集体内部网所拥有的实际社会资本存量也并非完全平等地向所有内部成员开放，不同成员动用集体社会资本的能力存在差异，这种差异主要取决于成员对集体内部网的社会资本投资，就是成员在集体交往中的给予行为，包括向集体提供有用的信息、思想、机会和支持，积极参与集体事务等。

9. 社会资本折旧

与物质资本一样，社会资本也存在折旧，投资使资本存量增加，而折旧会使资本存量减少。社会资本折旧的机制与物质资本也非常类似。一是随时间折旧，如果个体减少对外交往，那么他所拥有的社会关系会随时间“变淡”，甚至消失。二是随使用折旧，如果个体在对外交往过程中总是作为受益一方（社会资本的使用者），很少甚至从不作为给予一方（社会资本的投资者），那么他所拥有的社会关系也会逐渐损失。

（三）本研究重构社会资本概念的边际贡献

第一，将有关社会资本定义相关文献中，“特殊资源”和“网络特性”两派观点统一起来。一方面，遵循 Coleman、Burt、Portes 和 Lin 等人的做法，将社会资本定义为一种网络资源，使社会资本概念能够更好地融入经济学分析框架。另一方面，将 Putnam 和 Fukuyama 等人对“网络特性”的研究也融入整个概念体系当中，将网络特性作为影响潜在社会资本存量与实际社会资本存量之间转化率的决定因素。

第二，根据经济学中公共物品和私人物品的判断标准，分析证明在具有明确边界的社会网络中，社会资本更倾向于私人物品，这与许多已有研究将社会资本视为公共物品和准公共物品的结论并不一致，但却因此解答了一些长期存在的疑惑——如果社会资本倾向于公共物品，那么，为什么私人愿意进行社会资本投资？为什么不同个体对社会资本的占有和使用存在差异？

第三，界定了“个体中心网”和“集体内部网”两个概念，并详细阐述了与这两个网络相关的社会资本概念。这两个网络在经济学分析中最为重要，因为它们与经济学关注的个体行为和集体行为分析密切相关。个体行动者能够动用的社会资本有两个来源，一是个体中心网，二是所嵌入的集体内部网。集体行动者能够动用的社会资本同样是两个来源，一是集体作为整体与外界联系所形成的个体中心网，二是本集体内部网络。因此，搞清楚个体中心网和集体内部网的社会资本情况对于个体和集体的行为分析至关重要。

第四，就“不同个体对社会资本的动用存在差异”的原因进行了系统解释。对于个体和以整体形式对外联系的集体而言，社会资本的一个来源是其个体中心网，能够从中动用的社会资本取决于其对个体中心网中其他节点的社会资本投资。社会资本的另一个来源是其嵌入的集体内部网，能从其中动用的社会资本量取决于三方面因素，一是该集体内部网的潜在社会资本存量，二是潜在社会资本存量向实际社会资本存量的转化率，三是该个体对集体的社会资本投资。

第五，定义了社会资本投资和折旧的含义，将社会交往中的给予行为视为社会资本投资，将社会交往的受益行为视为社会资本折旧，从而解释了社会资本存量变化的机制。另外由于已有社会资本定量研究文献中经常将给予和受益两种交往混淆使用，而本研究重构的概念体系对社会资本测量具有重要的指导意义。

二、合作社社会资本概念体系构建

根据本研究重构的社会资本概念体系，与合作社相关的社会资本概念如下。

1. 合作社外部网

合作社外部网是一种个体中心网，是指以合作社为中心与外部个人或组织（如专家、官员、企业、科研机构、其他社会组织、政府部门等）建立的社会关系网络。以是否能够完全动用外部节点所拥有的网络资源来划定网络边界，不能完全动用其网络资源的外部节点不计入合作社外部网。

2. 社员个体中心网

社员个体中心网是指以特定合作社社员为中心对外建立的社会关系网络。同样以是否能够完全动用外部节点所拥有的网络资源来划定网络边界。

3. 合作社内部网

合作社内部网是一种集体内部网，是指合作社内部社员之间建立的社会关系网络，以是否具有合作社社员资格作为网络边界。

4. 合作社外部社会资本存量

合作社外部社会资本存量是指合作社外部网中其他个人和组织所拥有的网络资源的总和。合作社外部社会资本存量由三方面因素决定，一是合作社外部网中其他个人和组织的数量，二是其他个人和组织所拥有网络资源的平均量，三是其他个人和组织所拥有网络资源的异质性。其他个人和组织数量越多，所拥有网络资源的平均量越大，所拥有网络资源的异质性越高，则合作社外部社会资本存量越大。

5. 社员个体社会资本存量

社员个体社会资本存量，是指特定社员的个体中心网中其他个体所拥有的网络资源的总和。社员个体社会资本存量由三方面因素决定，一是该社员个体中心网中其他个体的数量，二是其他个体所拥有网络资源的平均量，三是其他个体所拥有网络资源的异质性。其他个体数量越多，所拥有网络资源的平均量越大，所拥有网络资源的异质性越高，则该合作社社员个体社会资本存量越大。

6. 合作社内部潜在社会资本存量

合作社内部潜在社会资本存量是指合作社内部网中所有社员拥有的网络资源的总和。合作社内部潜在社会资本存量是由社员数量、社员个体社会资本存量的平均量，以及社员个体中心网之间的异质性三方面因素决定的。社员数量越多、社员个体社会资本存量的平均量越大，社员个体中心网之间的异质性越高，则合作社内部潜在社会资本存量越大。

7. 合作社内部实际社会资本存量

合作社内部实际社会资本存量是指合作社内部潜在社会资本存量中被社员贡献出来在合作社中共享的部分。合作社内部潜在社会资本存量向实际社会资本存量的转化率取决于社员的贡献意愿，而贡献意愿则受到合作社内部网络环境的影响，即合作社内部网中蕴含的信任、规范、理解和宽容等“善意”的多少。

8. 合作社对外社会资本投资

合作社对外社会资本投资是指合作社在与外界个人和组织交往过程中的给予行为。合作社对外社会资本投资量会对合作社外部社会资本存量产生正向影响。

9. 社员对合作社的社会资本投资

社员对合作社的社会资本投资是指社员在与合作社交往过程中的给予行为，既包括为合作社提供有用的信息、思想、机会和支持，也包括积极参与合作社集体活动和公共事务。社员对合作社的社会资本投资直接影响到该社员动用合作社社会资本（包括合作社内部社会资本和外部社会资本）的能力。

资本的使用者和使用资本的目的是研究资本问题的两大要素，鉴于此，我们将与合作社相关的社会资本问题分为以下两个层次。

第一个层次合作社作为社会资本使用者，以实现集体行动目标为目的，综合使用合作社内部社会资本与合作社外部社会资本。提升合作社外部社会资本，有利于合作社获取更多网络资源，而提升合作社内部社会资本，不仅有利于合作社获取更多网络资源，还有利于降低集体行动成本。因此，合作社内、外部社会资本均对集体行动目标的实现意义重大。

第二个层次合作社社员作为社会资本使用者，以实现个体行动目标为目的。个体通过加入合作社获得动用合作社社会资本的资格，通过向合作社进行社会资本投资提升其动用合作社社会资本的能力。本书研究的主要问题是贫困家庭加入合作社，使用合作社社会资本，进而对家庭福利和贫困状况造成的影响，因此主要关注合作社社员作为社会资本使用者，以实现个体行动目标的行为及其效果。

第三节　有关社会资本测量的文献回顾与分析

本节首先对有关社会资本测量的国内外文献进行分类回顾，然后基于本章第二节定义的社会资本和合作社社会资本概念，设计一套符合本研究目的的合作社社会资本测度指标体系。

一、社会资本测量的理论基础

Bourdieu（1986）、Coleman（1990）、Lin（1999）和边燕杰（2004）对社会资本影响因素的论述成为个体社会资本测量时常用的理论基础（见表3-2）。不难看出，学者们一致强调了个体社会网络及其特征（包括网络规模和其他特征）在个体社会资本测量方面的重要性。Coleman（1990）和Lin（1999）还隐晦地指出，不同个体动用社会资本的能力存在差异。

表3-2　　　　个体社会资本测量的理论基础

文献	个体社会资本测量的理论基础
Bourdieu（1986）	个体社会资本拥有量取决于两个因素：一是个体所能有效利用的社会网络的规模，二是网络成员所拥有的资源数量。
Coleman（1990）	个体社会资本拥有量取决于：参加社会团体的数量、个体社会网络的规模和异质性、个体从社会网络摄取资源的能力。

续表

文献	个体社会资本测量的理论基础
Lin（1999）	个体社会资本拥有量主要取决于：个体社会网络中的资源数量和个体在网络中的结构位置，除此之外，个体社会网络的规模、密度、内聚性和封闭性等也是个体社会资本的影响因素。
边燕杰（2004）	个体社会资本拥有量由其关系网络特性决定，主要取决于四个因素：网络规模、网络顶端、网络位差和网络构成。

资料来源：根据相关文献整理。

Coleman（1990）、Putnam（1995a）、Paxton（1999）、Fukuyama（2001）、Adler 和 Kwon（2002）对集体层面社会资本的论述成为集体社会资本测量时常用的理论基础（见表 3－3）。不难看出，学者们一致强调了集体内部网络关系以及这种关系中蕴含的积极情感在集体社会资本测量方面的重要性。至于这种积极情感应包含哪些方面，有的学者认为主要是信任，而另一些学者的理解则比较宽泛。

表 3－3　　集体社会资本测量的理论基础

文献	集体社会资本测量的理论基础
Coleman（1990）	社会资本包含三个要素：一是社会结构的“某些方面”；二是作为载体的一系列社会关系；三是由此生成的行动和资源。
Putnam（1995a）	应该从社会信任、公民参与的网络、互惠规范和合作等方面来测量集体社会资本。
Paxton（1999）	集体社会资本可分为两个部分：个人之间的实际联结和包含了积极情感的人际关系，其中的积极情感可以导致两种属性：对同事的信任和对制度的信任。
Fukuyama（2001）	信任是有助于在群体或组织中的个体为共同目标而团结合作的要素，只有能产生信任关系的集体才能使其内部成员精诚合作，并自愿与他人交换资源，因此，信任是集体社会资本的重要组成部分。
Adler 和 Kwon（2002）	善意（包括同情、信任和宽容等）是构成积极社会关系的至关重要的因素，善意可以使人际关系产生有利于行动的转变，因此，社会资本其实是个人或组织可以得到的善意。

资料来源：根据相关文献整理。

二、个体社会资本的测量

个体社会资本测量分为两个步骤，一是生成个体中心网（Scott，1991），二是根据个体中心网的特征对个体拥有的网络资源进行衡量。已有文献中生成个体中心网的方法有两类，即提名生成法和位置生成法（Lin，1999）。

1. 提名生成法

Burt（1984）在测量个人讨论网中的社会资本时首次采用了提名生成法，他通过在美国"一般社会调查"询问受访者"在过去六个月中有哪些人曾与您讨论过个人私事"，并进一步询问这些人与受访者之间的关系，主要包括关系强弱（互动频率、相识时间、亲密程度和互惠内容）和社会背景（性别、年龄、宗教信仰、收入、文化程度）。Fischer（1982）将提名生成法用于考察更广泛的个体关系网络，包括讨论网、情感网和借贷网。Van der Poel（1993）进一步完善了提名生成法，其问卷共分为 3 个维度（情感支持、实际支持和社会交往）、10 个问题，要求受访者对每个问题最多提出 5 个人，回答他们与受访者的关系和个人特征。提名生成法的指标体系已经比较成熟（Campbell 等，1986；De Graaf 和 Flap，1988；Boxman 等，1991），但该方法存在一些无法解决的问题，如网络边界不易确定、弱关系被遗漏（Lin，1999）。因此，国内仅有一些早期研究采用提名生成法来测量个体社会资本（阮丹青等，1990；张文宏等，1999；贺寨平，2004；刘军，2006）。

2. 位置生成法

该方法基于"网络成员的社会地位决定其拥有的社会资源"的假设（Lin，1999）。首先建立一个不同职业或单位性质与不同社会地位评分对应的量表，要求被访者回答与其有关系的社会网络成员中，分别有多少人属于量表中所列的各类职业或单位。然后根据各类职业或单位的人数及对应社会地位评分进行加总，用于反映被访者所能动员的社会资源。由于使用位置生成法在调查时更少涉及个人隐私，因而实际操作更为简便易行，同时还可以避免提名生成法调查结果主要集中于强关系的缺陷（Lin，1999）。位置生成法的不足之处在于不能提供反映社会网络的结构特征（如关系强度）的信息。一些国内学者利用位置生成法提出一系列中国本土化社会网络，如拜年网和餐饮网（边燕杰和李煜，2001；边燕杰，2004；边燕杰等，2012）。

反映网络规模和结构的指标一般包括：网络成员数量、网络成员构成成分、网络成员间关系的紧密程度等。一般而言，个体中心网络的规模越大、弱关系越多、成员间联系越紧密，个体所能拥有的社会资本就越丰富（Montgomery，1992；Lin，1999；边燕杰和李煜，2001；赵延东，2003）。

三、集体社会资本的测量

自从科尔曼指出社会资本是一种社会“结构性资源”后（Coleman，1990），越来越多的学者开始将社会资本视为一个集体（包括组织、社区、地区和国家）所拥有的资源。有关社会资本的测量也被拓展到更为广阔的层面。本研究将有关集体社会资本测量的经典文献及他们所使用的主要测量指标总结在表 3－4 中。通过国外文献回顾发现，经常被使用的测量社会资本的维度和指标主要包括：信任、参与社团和组织、社会支持、志愿行动、互惠、非正式社交活动、社区凝聚力、社区归属感等（Kawachi 等，2004）。

表 3－4　　集体社会资本的测量指标

文献	测量指标
Putnam（1995a）	政治参与情况（用投票率和对政府的信任程度来反映）、公共事务参与情况（用参加各种社会组织的人数来反映）。
Paxton（1999）	对他人的信任（用被访者对他人的善良、公正和诚实的信任程度来反映）、对制度的信任（用被访者对宗教组织、教育体制和政府的信任程度来反映）。

续表

文献	测量指标
Whiteley（1999）	对他人的信任、对国家的信任。
Grootaert 和 Bastlaer（2002）	地区或团体网络的会员、信任和规范、集体行动。
Uphoff 和 Krishna（2004）	非正式网络和互助、信任、互惠、团结、对未来合作的期望、关心下一代。
Knack 和 Keefer（1997）	信任、合作准则和协会。
Brehm 和 Rahn（1997）	民间的约定、成员的相互信任、对政府的信心。
Onyx 和 Bullen（2000）	社区参与、信任和安全感、邻居间的联系、家庭与朋友的联系、差异化的承受力、生活价值观、工作联系。
Grootaert（1999）	联系的紧密程度、内部差异、参加集会的频繁程度、成员对决策的有效参与、借贷情况、联系的社区导向。
Harpham（2008）	网络、社会支持、信任、互惠和非正式社会控制。

资料来源：根据相关文献整理。

四、中国农村社会资本的测量

本书对有关中国农村社会资本测量的文献进行了检索，发现一部分文献基于公开数据库对社会资本进行测量，例如，许承明和张建军（2012）、周广肃等（2014）、刘一伟和汪润泉（2017）、李晓嘉和蒋承（2018）使用中国家庭动态跟踪调查（CFPS）数据，大多选取礼金支出、参与社会组织的数量、对政府满意度、对普通人的信任度等指标。孙博文等（2016）、温兴祥等（2017）、李华和李志鹏（2018）使用中国健康与养老追踪调查（CHARLS）数据，一般选取社交活动参与、社区基础设施建设、与亲友的经济往来、照顾子女父母的时间、尚未还清的个人借款作为测量指标。唐为和陆云航（2011）、周晔馨（2012，2013）、孙颖和林万龙（2013）使用中国家庭收入调查（CHIPS）数据，常选择不同村民小组之间关系、送礼支出、村里亲邻帮工时间、家庭是否有在城市生活或当干部的亲戚、农户参加的经济组织种类数量、户主是否是党员、户主当前是否担任干部、大多数人是否可以信任作为衡量指标。方黎明和谢远涛（2013）、周玉龙和孙久文（2017）使用中国综合社会调查（CGSS）数据，采用春节拜年情况、与各类人员打交道的频繁程度作为测度指标。显然，受数据限制，这些文献很难构建比较完善的社会资本测量指标体系。另一些文献则通过作者设计和组织的调查来获取数据，指标体系构建方面更加完善，也更具参考价值（见表3-5和表3-6）。

表3-5　　中国农村个体社会资本的测量指标

文献	方法和指标
许兴龙等（2017）	采用社会网络（交往频率）、信任（信任度）和规范（互助程度）3项指标测量失地农户社会资本。
史雨星等（2018）	采用社会网络（手机联系人数量）、信任（制度信任和人际信任）和规范（互惠规范和道德约束）3项指标测量农户社会资本。
聂富强等（2012）	通过“位置生成法”，采用网络规模、网络水平、网络差异、网络顶端4项指标测量农户结构型社会资本，采用信任、互惠、参与、共享4项指标测量农户认知型社会资本。
吴本健等（2014）、李恒（2015）、彭文慧和李恒（2018）	参考世界银行社会资本综合问卷（SC-IQ），采用群体和网络、信任和团结、集体行动与合作、信息与交流、社会凝集力与包容、权力与政治行动6大项，共27个小项指标测量个体社会资本。
鞠立瑜等（2012）	从信任（对理事会、管理人员和社员的信任）和内部社会网络关系（与副理事长、理事们、大股东或核心成员、多数成员的关系）两个维度测量合作社理事长的社会资本。
王恒彦等（2013）	采用资源网络、认同感、互惠、信任、冲突处理、关系满意度、预期功能性、关系延续性、网络密度、网络邻近性、网络同一性、村社会资本12项指标测量个体社会资本。
苏小松和何广文（2013）	采用农户的信息沟通、村中能人数量、亲朋关系和社会资本投入4项指标测量农户结构型社会资本。
刘彬彬等（2014） 史恒通等（2019）	采用社会网络（网络规模、网络资源和互动频率）、社会信任（人际信任和制度信任）、社会参与（集体活动参与程度和集体事物关注程度）和社会声望（被尊重自我感知和村中威望）4项指标测量农户社会资本。

续表

文献	方法和指标
李庆海等（2017；2018）	将农户社会资本分为正式社会资本和非正式社会资本，前者用家庭成员的政治身份衡量，后者用亲友间礼金支出衡量。
曾亿武等（2019）	采用村里人脉多寡、与初始淘宝人熟悉程度、与村里电商农户交流频率、亲友是否公务员、家庭送礼支出、行业协会参与情况 6 项指标衡量农户社会资本。

资料来源：根据相关文献整理。

表 3-6　　中国农村集体社会资本的测量指标

文献	测量指标
张静和朱玉春（2019）	从结构、关系和认知 3 个维度，共 9 项指标测量农村科技创业企业的外部社会资本。
池上新（2013）	采用社会网络、社团参与、社会信任、规范和互惠 5 项指标测量村庄社会资本。
戈锦文等（2016）	采用合作社拥有社会关系的数量、与外部机构联系的频率、能否真诚合作、合作满意度和沟通是否顺畅 5 项指标测量合作社结构性社会资本，采用合作社内部成员之间以及成员与管理层之间的信任程度、社员之间对知识和经验的分享意愿、沟通频率，以及社员与合作社领导之间的沟通意愿和频率来测量合作社认知性社会资本。
梁巧等（2014）	采用合作社理事长与生产资料供应商、其他合作社或龙头企业、农产品批发商或收购商、政府官员和工作人员、合作社联合社或协会管理人员的关系密切程度来测量合作社结构性社会资本；采用合作社管理层与社员间的相互信任、合作社社员之间的信任、社员对合作社组织目标和使命的理解程度来测量合作社认知性社会资本。
张连刚和柳娥（2015）	从内部信任（成员间的信任、成员对合作社领导的信任、成员对合作社发展前景的信心）、内部规范（加入合作社对其农户思想和行动的影响、成员间合作程度）和社会网络（成员间联系的紧密程度、对其他成员的帮助、受到其他成员的帮助）3 个维度测量合作社内部社会资本。

资料来源：根据相关文献整理。

第四节　合作社社会资本的测量方法

在本章第二节构建的社会资本和合作社社会资本概念体系的基础上，参考已有研究中有关个体和集体社会资本的测量方法，本节将构建一套符合本研究目的的社会资本测量指标体系。

一、农户个体社会资本存量的测量方法

农户个体社会资本存量测量的总体思路如下：使用位置生成法确定农户个体中心网，测量网络规模、网络水平、网络差异、网络顶端 4 项指标，利用因子分析确定权重，加总得出农户个体社会资本存量指数。

根据本研究的社会资本概念体系，个体中心网社会资本存量由三方面因素决定，一是网络节点数量，二是各节点拥有网络资源的平均量，三是各节点拥有网络资源的异质性。许多文献采用职业声望分数来衡量个体网络资源量（边燕杰，2001），其理论基础是职业声望的“功能主义”解释，即社会分工导致职业权力分化，由此导致了不同的职业声望。而尉建文和赵延东（2011）论述了社会分层中声望与权力的不一致性，并验证了在测量个体网络资源量时，选择职业权力指标比职业声望指标能够得出更加准确的结果。因此本文遵循尉建文和赵延东（2011）的做法，利用职业权力得分来衡量个体所拥有的网络资源。关于节点拥有网络资源的异质性，本研究参考了边燕杰（2001）的做法，采用网络顶端和网络差异 2 项指标来衡量。农户个体社会资本存量测量的具体步骤如下：

第一步，本研究参考尉建文和赵延东（2011）的研究，在农户调查问卷中设计如下问题（Q1）来测量不同职业权力得分，形成职业权力量表。

Q1：不同职业的权力、拥有的社会资源和帮人办事的能力存在很

大差异。如果将下列26种职业所“拥有的权力（社会资源）”和“帮人办事的能力”分为五个档次，即很有权、能办事=5；比较有权、比较能办事=4；一般=3；权力较小、办事能力较差=2；几乎没有权力、办事能力很差=1，请您为每一个职业打分。

边燕杰（2001）、尉建文和赵延东（2011）的调查中设计了一系列城市职业，本研究在此基础上增加了与农民密切相关的7个职业，共计26个职业选项，分别是农民、农业技术人员、农资销售人员、农产品收购人员、村干部、个体户（小业主）、建筑工人、保姆（小时工）、产业工人、酒店餐馆服务员、营销人员、护士、司机、会计、警察、厨师（炊事员）、党政机关领导干部、企事业单位领导干部、行政办事人员、经济金融从业人员、科学研究人员、法律专业人员、工程技术人员、大学教师、中小学教师、医生。

第二步，在农户调查问卷中设计如下问题（Q2）以生成农户个体中心网。

Q2：假如您面临以下困难：子女上学需要托关系、找不到工作需要熟人推荐介绍、资金困难需要借钱、生病住院需要人照料、家里盖房子或农忙需要帮工。您认为哪些人会向您提供实质性帮助，请根据这些人所从事的职业，在相应的职业栏上填写具体人数。

边燕杰（2001）和胡荣（2003）选择生成春节拜年网，而本研究选择生成能够为农户提供实际帮助和支持的个人中心网。因为中国农村和城市居民拜年行为的动机存在很大差别，如果城市居民的拜年行为可视为主动的社会资本投资行为，那么农村居民的拜年则更多是在社会规范和社会约束下的被动行为，且多发生在本村和邻近村庄。再者，本研究的目的是衡量社会资本在减贫中的作用，选择实际支持网也更符合这一研究目标。

第三步，根据农户问卷中Q2问题的答案，计算网络规模、网络水平、网络差异、网络顶端4项指标得分。网络规模等于网络成员人数；

网络水平等于各网络成员职业权力得分的算术平均数；网络差异等于网络成员所涉及的职业数量；网络顶端等于网络成员职业权力的最高得分。

第四步，采用因子分析法，将上述4项指标的因子得分按方差贡献率加权，得到农户个体社会资本存量指数。

二、合作社内部潜在社会资本存量的测量方法

根据本研究构建的合作社社会资本概念体系，合作社内部潜在社会资本存量等于社员所拥有的网络资源的总和，采用合作社内部网络规模、社员个体中心网的平均网络水平、社员个体中心网之间的异质性3项指标衡量。合作社内部网络规模等于合作社社员总人数，通过对合作社社长的调查，以及查看合作社相关资料获得。社员平均网络水平等于参加特定合作社的样本农户个体中心网网络水平的均值。社员个体中心网的异质性等于参加特定合作社的样本农户个体中心网的异质性指数IQV，计算方法见式（3.1），其中，n表示参加特定合作社的所有样本农户个体中心网的网络成员总数，f_i表示参加特定合作社的样本农户个体中心网的所有网络成员属于职业i的人数，k表示职业类别数（本研究中为26）。IQV的取值范围为0到1，等于1时表示完全异质，等于0时表示完全同质。

$$IQV = \frac{k(n^2 - \sum f_i^2)}{n^2(k-1)} \tag{3.1}$$

最后，采用因子分析法，将上述3项指标的因子得分按方差贡献率加权，得到合作社内部潜在社会资本存量指数。

三、合作社内部网络环境指数的测量方法

根据本章建立的概念体系，合作社内部网络环境影响合作社潜在社会资本存量向实际社会资本存量的转化，参考已有文献中有关合作社认

知型社会资本测量的众多指标，本研究选取了信任、互惠合作、集体行动3项指标来测量合作社内部网络环境。因为这些网络环境特征都会影响合作社社员共享个体社会资本的意愿。具体指标题项见表3－7。采用因子分析法，将信任、互惠合作和集体行动3项指标的因子得分按方差贡献率加权，得到合作社内部网络环境指数。

表3－7　　合作社内部网络环境的测量指标

指标	问卷题目	选项
信任	您所在的合作社中社员对理事长及其他管理者的信任程度如何？	非常信任＝5，比较信任＝4，基本信任＝3，不太信任＝2，完全不信任＝1
	您所在的合作社中社员之间的信任程度如何？	
互惠合作	您所在的合作社中社员之间相互帮助的情况多吗？	非常多＝5，比较多＝4，一般＝3，比较少＝2，非常少＝1
	您所在的合作社中社员之间分享知识、信息和经验的情况多吗？	
集体行动	您所在的合作社会经常组织集体活动吗？	每月至少1次＝5，每季度至少1次＝4，每半年至少1次＝3，每年至少1次＝2，几乎没有集体活动＝1
	据您了解，合作社举行的集体活动参与率高吗？	几乎都会参加＝5，大部分人会参加＝4，半数左右会参加＝3，只有少部分人会参加＝2，几乎没什么人参加＝1

四、合作社外部社会资本存量的测量方法

合作社外部网也称为合作社个体中心网，其社会资本存量测量的思路和程序与农户个体中心网基本一致。相同的程序便不再赘述，接下来仅介绍不同之处。

在生成农户个体中心网时，需要构建职业权力量表，而生成合作社外部网时，也需要建立类似的量表，本研究称之为单位权力量表，用以衡量合作社外部网中其他单位的权力得分。在合作社社长问卷中，本书

设计了如下问题（Q3）用以建立单位权力量表。

Q3：不同单位的权力、拥有的社会资源和帮合作社办事的能力存在很大差异。如果将下列15种单位所“拥有的权力（社会资源）”和“帮合作社办事的能力”分为五个档次，即很有权、能办事=5；比较有权、比较能办事=4；一般=3；权力较小、办事能力较差=2；几乎没有权力、办事能力很差=1，请您为每一类单位打分。

边燕杰（2001）建立了单位声望量表，主要按所有制划分了12种单位类型，依次是党政机关、国有事业单位、外资企业、中外合资企业、股份企业、私立事业、国有企业、私营企业、联合企业、集体事业单位、个体经营、集体企业。本研究根据自身研究需要，设置以下15种单位类型用于建立单位权力量表：农技推广单位、农资销售企业、农产品批发商、大型超市、农产品生产加工企业、其他合作社、农业大户和家庭农场、银行和信用社、部级以上高校和科研院所、省市级高校和科研院所、省级政府部门、市级政府部门、县级政府部门、乡镇级政府部门、村集体组织。

为生成合作社外部网，本书在合作社社长问卷中设计了如下问题（Q4）。

Q4：请您回忆一下近三年贵社与哪些单位开展过令您感到满意的互惠合作，在这些单位中，您认为有哪些未来还有可能与贵社开展合作，请根据这些曾经合作过且未来还可能合作的单位信息，在相应的单位类型栏上填写单位数量。

根据社长问卷中上述问题的答案，计算合作社外部网的网络规模、网络水平、网络差异和网络顶端4项指标得分，并采用因子分析法，将这4项指标的因子得分按方差贡献率加权，得到合作社外部社会资本存量指数。

五、社员对合作社社会资本动用能力的测量方法

社员动用合作社社会资本的能力由社员对合作社的社会资本投资决定，包括为合作社提供有用的信息、思想、机会等，也包括积极参与合作社的集体活动和公共事务。本研究选取了沟通、奉献、参与3项指标来衡量社员对合作社社会资本的动员能力，具体题项见表3－8。采用因子分析法，计算社员对合作社社会资本动用能力指数。

表3－8　社员对合作社社会资本动用能力的测量指标

指标	问卷题目	选项
沟通	您会经常与合作社领导联系吗？	每周至少联系1次＝5，每月至少联系1次＝4，每季度至少联系1次＝3，每半年至少联系1次＝2，每年联系1次或不联系＝1
	除了您加入合作社之前就关系密切的亲朋好友外，您会经常与其他社员联系吗？	会经常与许多社员联系＝5，会经常与少数社员联系＝4，会偶尔与许多社员联系＝3，会偶尔与少数社员联系＝2，几乎从不联系其他社员＝1
奉献	您愿意将自己拥有的知识、信息或思想贡献给合作社与其他社员分享吗？	非常愿意＝5，比较愿意＝4，一般＝3，不太愿意＝2，不愿意＝1
	您愿意将自己拥有的人脉资源贡献给合作社用于推动集体发展吗？	
参与	对合作社开展的各项活动，您是否能积极主动地参与？	几乎全部参加＝5，大部分都会参加＝4，半数左右会参加＝3，少数活动会参加＝2，参加次数很少或几乎没参加过＝1
	在合作社的集体决策，以及为合作社发展建言献策方面，您的参与程度如何？	参与度很高＝5，参与度较高＝4，参与度一般＝3，参与度较低＝2；参与度很低或几乎没参与＝1

第五节　本章小结

基于对社会资本概念和测度方法相关文献的回顾和梳理，本章构建了合作社社会资本概念体系和测量方法，为后续理论及经验研究奠定基础。

首先，针对现有社会资本概念存在的缺陷，本章重构了社会资本概念体系，边际创新主要包括以下几个方面：（1）现有文献中对社会资本本源描述存在分歧，一些文献将社会资本定义为社会网络中的“特殊资源”，另一些文献将社会资本定义为某些“网络特性”，如信任、规范等。导致这种分歧的原因主要是因为两类文献关注的对象不同，前者关注个体社会资本（微观社会资本），后者关注集体社会资本（宏观社会资本）。但是，集体是由个体组成的，两个层面的社会资本本源应该是一致的。因此，在本章重构的社会资本概念中，个体社会资本和集体社会资本的本源都是网络资源，包括社会网络中的信息、机会和支持等，在集体层面，网络特性是影响潜在社会资本存量与实际社会资本存量之间转化率的决定因素。（2）现有文献对社会资本的归属问题见解不一，有文献将社会资本视为公共物品或准公共物品，也有文献反对这种观点。本研究界定了具有明确网络边界的“个体中心网”和“集体内部网”，并证明在具有明确边界的社会网络中，社会资本更倾向于私人物品，进而明确了社会资本的归属。（3）界定了基于“个体中心网”和“集体内部网”两类社会网络的社会资本概念，并将这两个概念与个体行为和集体行为分析联系起来。个体行动者能够动用的社会资本来自以自身为中心的个体中心网，及其所嵌入的集体内部网。集体行动者能够动用的社会资本来自本集体对外联系所建立的个体中心网，及本集体内部网。（4）系统解释了“不同个体对社会资本的动用存在差异”的原因。个体可动用的社会资本，一部分是个体中心网中的网络资源，这部分社会资本的规模取决于个体对他人的社会资本投资；另一部分来自个体嵌入的集体内部网，这部分社会资本的规模取决于三方面因素，一是集体内部网潜在社会资本存量，二是集体内部网潜在社会资本存量向实际社会资本存量的转化率（受网络环境特征影响），三是个体对集体社会资本的动用能力（取决于个体对集体的社会资本投资）。(5) 定义了社会资本投资和折旧的含义，将社会交往中的给予行为视为社会资本投资，社会交往中的受益行为视为社会资本折旧，从而解释了社会资本存量的变化机制。

根据重构的社会资本概念体系，本章构建了一套合作社社会资本概念体系。将合作社外部社会资本存量定义为，合作社外部网中其他个人和组织所拥有的网络资源的总和。将合作社内部潜在社会资本存量定义为，合作社内部网中所有社员拥有的网络资源的总和。将合作社内部实际社会资本存量定义为，合作社内部潜在社会资本存量中被社员贡献出来在合作社中共享的部分，而合作社内部潜在社会资本存量向实际社会资本存量的转化率取决于合作社内部网络环境特征，即合作社内部网中蕴含的信任、规范、理解和宽容等。将社员对合作社的社会资本投资定义为，社员在与合作社交往过程中的给予行为，包括为合作社提供有用的信息、思想、机会和支持，也包括积极参与合作社集体活动和公共事务，社员对合作社的社会资本投资直接影响社员动用合作社社会资本的能力。

有关社会资本测量的文献数量庞大，内容繁杂。本章首先对社会资本测量的相关理论基础进行整理，然后分别对个体社会资本和集体社会资本测量的代表性文献进行梳理，最后考虑到不同的社会背景对社会资本测量指标选取的影响，又对有关中国农村社会资本测量的文献进行了检索和梳理。借鉴现有的测量方法，基于本研究构建的合作社社会资本概念框架，本章建立了一套合作社社会资本测量指标体系。具体来说，使用位置生成法确定农户个体中心网与合作社外部网，并选取网络规模、网络水平、网络差异、网络顶端 4 项指标测量农户个体社会资本存量与合作社外部社会资本存量；选取合作社内部网络规模、社员个体中心网的平均网络水平、社员个体中心网之间的异质性 3 项指标测量合作社内部潜在社会资本存量；选取信任、互惠合作、集体行动 3 项指标 6 个题项测量合作社内部网络环境；选取沟通、奉献、参与 3 项指标 6 个题项衡量社员对合作社社会资本的动员能力。

第四章　多维贫困的概念界定和测量方法

合作社社会资本对农村家庭多维贫困概率和多维贫困程度的影响效应是本研究的重点内容，而多维贫困测量的准确性将直接影响到后续经验研究结果的可信度。本章在大量文献研究的基础上，综合考虑中国当前发展阶段和脱贫攻坚任务目标等因素，清晰界定了贫困概念内涵，详细探讨了贫困测量方法，完善构建了多维贫困指数。

第一节　贫困的概念

在过去的100多年里，贫困的概念不断丰富。对于本研究而言，选择符合当今中国发展阶段的贫困概念是一项重要的基础性工作。根据贫困概念演进历史，通过对代表性文献的梳理，可将贫困概念划分为收入贫困、能力贫困和权利贫困三类（见表4－1）。

表4－1　　贫困概念的演进

贫困概念	代表性文献	概念表述
收入贫困	Rowntree（1901）	是指总收入水平不足以获得维持身体正常功能所需的最低生活必需品，生活必需品包括食品、住房、衣着和其他必需的项目。
能力贫困	Sen（1976，1979，1981，1999）	是指基本能力受到剥夺，对基本能力的剥夺表现为过早死亡、严重的营养不良、慢性流行病、大量的文盲以及其他方面的失败。

续表

贫困概念	代表性文献	概念表述
权利贫困	Chamber（1995） Silver（1994） Paugam（1996）	是指缺乏应享有的政治、经济、文化权利和基本人权，包括脆弱性和社会排斥。 脆弱性是指穷人缺乏保护自己不受风险打击的手段，风险反过来使穷人只能从事低回报的活动并威胁他们已经拥有的一切，进一步使他们在经济、资源和权利上边缘化。 社会排斥是指某些社会群体部分或全部被社会排挤，享受不到应该享有的权利，包括无法充分参与经济和社会生活、不稳定的工作、家庭压力和社会疏离、被排斥在公民权利和政治平等之外等。

资料来源：根据表中文献整理。

本研究将遵循 Sen 的能力贫困概念，原因如下：

第一，能力贫困的概念符合当今中国发展阶段的时代需求。从贫困概念的演进历史不难看出，人类社会经济发展水平的不断进步是推动人们不断丰富贫困内涵的主要动因。在这个过程中，贫困一词的本义似乎并未改变，那就是“基本需求”的匮乏，改变的只是人们对所谓“基本需求”的认识，从只要求“吃饱穿暖”，提升到拥有“健康、基础教育和可接受的生活水平”，再拓展到“具有一定的抗风险能力、社会融入和政治平等”。自改革开放以来，中国的发展成就和扶贫成就举世瞩目，2020 年全面实现小康社会，仅仅将“吃饱穿暖”作为判断是否贫困的标准已经不符合大多数中国人对美好生活的需求。然而，虽然绝大多数中国人已经解决了“吃饭穿衣”问题，但仍然存在一些基本能力低下的现象，脆弱性和社会排斥等权利方面的贫困还不是现阶段中国减贫领域最为紧要的问题。

第二，能力贫困的概念符合准确衡量贫困状况的研究需要。贫困的测评方法可分为直接和间接两种。基于收入贫困概念的测评属于间接方法，通过评价人们是否拥有足够的金钱来购买满足“基本需求”的商品和服务识别贫困。而基于能力贫困概念的多维评价则属于直接方法，直接判断人们各维度“基本需求”是否得到满足，进而识别贫困并衡量贫困程度。很显然，直接评价比间接评价更加准确，因为诸如医疗、教育、水电等公共物品和公共服务，存在市场失灵问题（Bourguignon和Chakravarty，2003；Santos和Villatoro，2018），即使人们拥有足够的金钱也不一定能够买到这些物品或服务（Hulme和Shepherd，2003；Dhongde和Haveman，2017）。

第三，能力贫困的概念符合脱贫攻坚战的政策需求。到2020年，我国已稳定实现农村贫困人口不愁吃、不愁穿，义务教育、基本医疗、住房安全有保障（简称为“两不愁三保障”）。其中“义务教育、基本医疗、住房安全有保障”正是解决能力贫困的针对性政策目标。因此，遵循能力贫困概念，有利于对中国脱贫攻坚成效进行针对性评估。

第二节 多维贫困测量方法的文献评述与设计思路

由于Sen（1999）将贫困定义为不同维度的能力剥夺，贫困测度方法也从仅关注收入（或消费）的单一维度，被拓展到多维度（Bourguignon和Chakravarty，2003；Alkire，2007）。基于公理化方法，Tsui（2002）和Chakravarty等（1998）构建了F－M和Ch－M多维贫困指数，Chakravarty等（2005）将Watts指数拓展为多维贫困指数。Betti等（2008）采用模糊集方法，Luzzi等（2008）采用因子分析和聚类分析方法进行了多维贫困测度的尝试。在诸多有关多维贫困测度的探索性研究中，Alkire和Foster（2011a，2011b）提出的A－F双界线法得到了更多关注，并被广泛应用于测度各国多维贫困的实证研究。

本书在中国知网中对有关中国多维贫困测度的文献进行了检索，期刊来源限定为《经济研究》《统计研究》《数量经济技术经济研究》《中国农村经济》《中国人口科学》《中国软科学》《南开经济研究》《经济评论》《财经研究》等国内权威期刊，共检索代表性文献17篇。

除了早期陈立中（2008）采用 Watts 多维度贫困指数测量多维贫困之外，其余 16 篇文献均采用 A－F 双界线法来测量多维贫困，只是在数据选取，维度、指标、权重以及临界值的设定上存在差异。表 4－2、表 4－3 和图 4－1 对这 16 篇采用 A－F 双界线法测度中国多维贫困的文献进行了归纳总结。对现有文献的回顾，为本书构建多维贫困指数提供了清晰的思路。

表 4－2　中国多维贫困测量相关文献的数据来源以及维度和权重设置

序号	文献	数据	维度	权重
1	王小林等（2009）	2006 年中国健康与营养调查（CHNS）	省略维度设置	所有指标等权重
2	邹薇等（2011）	1989—2009 年中国健康与营养调查（CHNS）	生活质量、教育	所有指标等权重
3	高艳云（2012）	2000 年和 2009 年中国健康与营养调查（CHNS）	教育、健康、生活水平	所有指标等权重
4	郭建宇等（2012）	2009 年山西省农村贫困监测住户调查	教育、健康、生活水平	以最小化多维贫困和收入贫困识别偏差为目标调整指标权重
5	王春超等（2014）	2000—2009 年中国健康与营养调查（CHNS）	收入、健康、教育、医保	维度等权重、维度内指标等权重
6	张全红等（2014）	1989—2009 年中国健康与营养调查（CHNS）	收入、教育、健康、生活水平	主成分分析法
7	张全红等（2015）	1991—2001 年中国健康与营养调查（CHNS）	教育、儿童和青少年生活水平、就业、健康、公共服务和居住条件	维度等权重、维度内指标等权重
8	郭熙保等（2016）	2000—2011 年中国健康与营养调查（CHNS）	教育、健康、医疗服务、就业、生活质量、收入	维度等权重、维度内指标等权重
9	谢家智等（2017）	2014 年中国家庭追踪调查（CFPS）	收入、健康、教育、医疗、生活、资产、住房、土地、金融	人工神经网络（ANN）法

续表

序号	文献	数据	维度	权重
10	张全红等（2017）	2000 年、2006 年和 2011 年中国健康与营养调查（CHNS）	教育、健康、生活水平	维度等权重、维度内指标等权重
11	侯亚景（2017）	2010—2014 年中国家庭追踪调查（CFPS）	教育、健康、生活水平、主观福利	维度等权重、维度内指标等权重
12	李博等（2018）	2010—2014 年中国家庭追踪调查（CFPS）	教育、健康、生活水平	维度等权重、维度内指标等权重
13	郭君平等（2018）	2015 年国家统计局城镇住户抽样调查	教育、健康、生活水平	维度等权重、维度内指标等权重
14	高明等（2018）	2016 年全国农科学子助力精准扶贫社会实践的调研数据	收入、教育、健康、生活水平、资产	维度等权重、维度内指标等权重
15	沈扬扬等（2018）	2010 年、2012 年和 2014 年中国健康与营养调查（CHNS）	教育、健康、生活水平	维度等权重、维度内指标等权重
16	李晓嘉等（2019）	2004—2015 年中国健康与营养调查（CHNS）	收入、教育、健康、生活水平	维度等权重、维度内指标等权重

资料来源：根据相关文献整理。

在构建方法方面，考虑到 A－F 双界线法理论上的成熟性，以及在实践应用上的广泛性，本研究将遵循该方法构建多维贫困指数。

在维度、指标和临界值设置方面，已有文献基本上是以全球多维贫困指数（GlobalMPI）为蓝本。该指数由联合国发展计划署（UNDP）和牛津大学贫困与人类发展中心（OPHI）联合开发，包含 3 个维度（健康、教育、生活水平）和 10 项指标（见表 4－3）。由于该指数需要应用于 100 多个发展中国家，因此，在维度、指标和临界值设置上更多需要考虑国际比较的需要。在 16 篇文献中，大部分研究者根据中国的具体国情和数据可得性，对全球多维贫困指数进行了不同程度的修改，这种做法是非常有必要的。由于本研究使用的数据来自自己设计组织的调查，在维度、指标和临界值设置上拥有更大的自由度。因此，本研究将以能力贫困概念为理论基础，以全球多维贫困指数和已有文献中构建的多维贫困指数为参考借鉴，以《中国农村扶贫开发纲要（2011—2020年）》为政策依据来进行维度、指标和临界值的设置。

表4－3　　中国多维贫困测量相关文献的指标和临界值设置

维度/指标	临界值	文献编码（参照表4－2）
收入维度		
人均年收入	农村官方贫困线	5、6、8、9、14、16
教育维度		
受教育年限	①任意成年人受教育年限小于9或6或5；②成年人平均受教育年限小于6或9	GlobalMPI、1、2、3、4、5、6、7、8、9、10、11、12、13、14、15、16
儿童入学	①有6～16岁成员有失学情况；②有3～6岁幼儿未入托	GlobalMPI、3、6、7、8、10、11、12、15、16
童工现象	12～16岁成员有童工现象	7
健康和医疗维度		
健康状况	①至少一名成员残疾、患慢性病或体弱多病；②至少两名成员患有慢性病，或者至少一名成员患有大病或残疾；③至少一名成员自评健康状况差	4、5、6、9、10、13、14
医疗保险	至少一名成员未参加（农村合作）医疗保险	1、3、5、7、8、9、10、11、14、16
儿童死亡率	至少一名儿童死亡	GlobalMPI、11、15
营养	①至少一名未成年人营养不良导致身体过瘦；②至少一名70岁以下成员营养不良；③至少一名成员的身高质量指数（BMI）小于$18.5kg/m^2$	GlobalMPI、5、8、12、15、16
及时就医	患病（一般或相当严重）后不能及时到正规医疗机构就医	7、8、12

续表

维度/指标	临界值	文献编码（参照表4-2）
生活水平维度		
卫生设施	①无室内厕所；②或无水冲式厕所；③家庭成员使用公共厕所	GlobalMPI、1、2、3、4、6、7、8、9、10、11、12、13、14、15、16
家庭用电	①未通电；②未通电或经常断电	GlobalMPI、1、2、3、4、6、9、10、11、12、15
清洁饮水	饮用水水源不是自来水或深井水	GlobalMPI、1、2、3、4、6、7、8、9、10、11、12、13、14、15、16
做饭燃料	主要燃料为柴草、秸秆、木炭或动物粪便	GlobalMPI、2、3、4、6、7、8、9、10、11、12、13、14、15、16
住房条件	①无房、竹草屋、土坯屋或人均不足15平方米平房；②人均居住面积不足12平方米；③存在12岁以上子女与父母同住一室、12岁以上异性子女同住一室、老少三代同住一室、床晚上架起白天拆掉、客厅架起睡觉的床中任意一种情况；④不能从政府、单位获得住房，或者没有自己的住房	GlobalMPI、1、2、3、4、6、8、9、10、13、14
耐用品	计算机、电冰箱、洗衣机、彩色电视机、移动电话、空调、热水器、中高档乐器、照相机、影碟机、电扇、高压锅、微波炉、电饭煲、电助力自行车、摩托车等耐用消费品最多拥有1项	GlobalMPI、1、2、3、4、6、9、10、11、12、13、14、15、16
垃圾处理	家庭垃圾处理不通过公共垃圾桶/箱、楼房垃圾道或专人收集	11
就业维度		
长期就业	家中有成年劳动力（16~60岁）长期（12个月以上）失业	7、8
正规就业	家中成年就业人口（16~60岁）并非全在正规单位工作	7、8
主观福利维度		
生活满意度	家庭中成年人对生活满意度（1~5）均小于3	11

续表

维度/指标	临界值	文献编码（参照表4－2）
社会公平感	家庭中成年人有遭遇不公正待遇情况	11
未来信心度	家庭中成年人对未来信心程度（1～5）均小于3	11
其他维度		
土地	①人均耕地少于1亩；②没能从集体中分配到耕地、林地、牧场、水塘中任意一种	1、9
生产性资产	家中没有以下生产性资产中的任一项：汽车、三轮车等大型交通工具；大中型拖拉机、小型及手扶拖拉机、收割机、脱粒机、水泵等其他大型农用机械；木工器具、五金小铺器具及设备等可用于商业活动的器具	14
金融	未获得正规金融及以上服务	9

资料来源：根据相关文献整理。

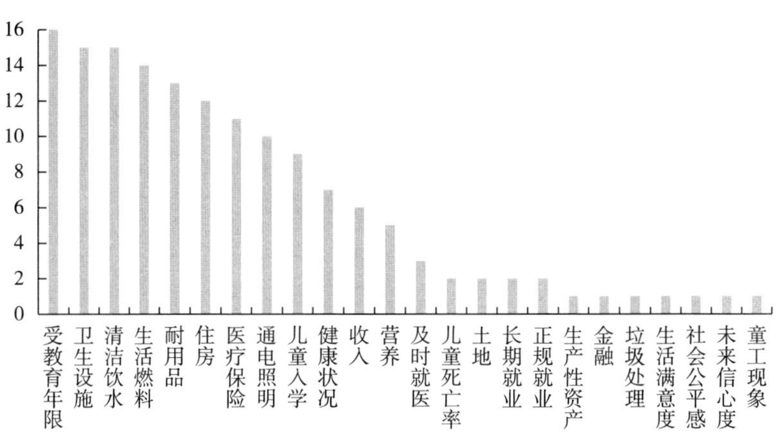

图4－1　中国多维贫困测量相关文献中各指标被选取频次统计

在权重设置方面，不同维度的加权策略在多维贫困测量中非常重要（Decancq和Lugo，2013；Foster等，2013；Alkire等，2015）。Decancq和Lugo（2013）将加权策略分为三类：数据驱动型、规范型和混合型。

数据驱动型权重的常用方法包括主成分分析、因子分析、多元分析和回归分析。规范型权重的常用方法包括等权重法和专家打分法。混合型权重是将数据驱动和某种形式的价值判断（如受访者对维度重要性的排序）相结合。Decancq 和 Lugo（2013）指出数据驱动型权重更客观，但是由于它是从数据中产生的，因此难以证明其合理性，当不同的数据驱动方法计算出不同的权重结果时，也难以证明哪种更合理。规范型权重实际上就是人们对各维度相对重要性的价值判断，因此许多学者批评它过于主观。但是，近年来人们越来越认识到价值判断其实是无法避免的（Putnam，2004）。Sen（1999）表示："依赖价值判断的规范权重可能会非常混乱，许多技术专家对此感到厌恶，因此他们试图寻求一些奇妙的公式，并使用这些公式计算出恰到好处的权重，但是这样的魔术公式却根本不存在，因为加权问题本身就是一个价值判断问题，而不是某种非人格化的技术。"迄今为止，大多数多维贫困指数都使用规范权重，在本研究回顾的测量中国多维贫困的 16 篇文献中有 13 篇使用的也是规范权重（等权重法，见表 4 -2），因此，本研究也选择使用等权重法来设置权重。

一些已有文献在多维贫困指数构建上进行了创新性尝试，对这些有益的尝试进行分析，有利于多维贫困指数的构建思路更加清晰。

第一，部分已有文献将收入也作为一个维度加入多维贫困指数（王春超等，2014；张全红等；2014；郭熙保等，2016；谢家智等，2017；高明等，2018；李晓嘉等，2019），这种设计存在一定理论争议。如前所述，收入贫困是一种间接评价，而健康、教育和生活水平维度的贫困是直接评价，两者不在一个层面，收入较高的家庭往往就能够在较大程度上避免其他维度受剥夺，收入指标与其他指标之间可能存在较大相关性，不适合纳入同一测量指标体系。因此，本研究中收入将被排除在多维贫困测量指标体系之外。

第二，受主观贫困概念的影响，有学者将主观福利评价纳入多维贫困指数（侯亚景，2017），这违背了 Sen 的能力贫困概念。Sen（1981）明确提出了反对主观贫困的观点，认为既然研究人员制定了现有的贫困标准，就证明这些标准的客观存在性，研究者可对其进行观察和描述。除此之外，将主观标准和客观标准混合在同一个指标体系中的做法本身也不甚合理。因此，本研究构建的多维贫困测量指标体系只考虑客观性指标。

第三，有学者将就业、生产性资产、金融、土地等维度（指标）引入多维贫困测量体系（张全红等，2015；郭熙保等，2016；谢家智等，2017），值得借鉴。因为，基于能力贫困理论，多维贫困衡量的潜在范围是很宽泛的，包括教育、健康、生活水平、工作、赋权、环境、安全、社会关系和文化等（Alkire，2007，2008；Alkire 和 Foster，2011a），只要数据可得，就可以根据研究需要适当扩宽维度。但为了避免维度选择上的争论，也为了避免由于增设维度（指标）而可能导致的减贫效应经验检验中的内生性问题，本研究并不打算在这方面进行尝试。

综上所述，本研究将基于能力贫困概念，使用 A－F 双界线法构建多维贫困指数。为使本研究的多维贫困测量结果获得更广泛的认可，本书在维度设置上遵循全球多维贫困指数的做法，选取教育、健康和生活水平 3 个维度；指标设置上基于能力贫困理论和中国具体国情，尽可能使用现有文献中的常用指标；权重设置上采用等权重法，即维度等权重、维度内指标等权重；临界值设置上尽可能参照中央和地方脱贫攻坚文件精神。

第三节　多维贫困测量方法

构建多维贫困指数包括确定识别和加总程序，以及设置维度、指标、权重和临界值等。

一、识别和加总程序

假设有 n 个家庭，每个家庭用 i 表示，$i=1$，…，n；有 d 个维度，每个维度用 j 表示，$j=1$，…，d。令 a_{ij} 为家庭 i 在维度 j 中的取值。令 w_j 为指标 j 的权重，$\sum_{1}^{d} w_j = 1$ 。用 z_j 表示指标 j 的剥夺临界值，如果 $a_{ij} < z_j$ 则表示家庭 i 在指标 j 被剥夺。将 k 设为“多维贫困临界值”，用于识别家庭是否属于多维贫困，$0 < k \leqslant 1$ 。接下来可以分三个步骤构建多维贫困指数 MPI（Alkire 和 Foster，2011a）。

第一步，计算家庭 i 在指标 j 的剥夺状态值 g_{ij} 。如果 $a_{ij} < z_j$ ，则家庭 i 在指标 j 上被剥夺，则令 $g_{ij} = 1$ ，否则 $g_{ij} = 0$ 。用所有的剥夺状态值 g_{ij} 构造一个有 n 行 d 列的剥夺状态矩阵 g^0 。

第二步，计算家庭 i 的剥夺得分 c_i ，其中 $c_i = \sum_{j=1}^{d} w_j g_{ij}$ 。如果 c_i 小于或等于 k，则家庭 i 被识别为多维贫困家庭。为聚焦多维贫困家庭，从剥夺矩阵中删除非多维贫困家庭的数据，也就是说，如果家庭 i 是非多维贫困的，则将剥夺状态矩阵 g^0 中第 i 行的所有数据均用 0 代替，由此得到一个新矩阵 $g^0(k)$ 。剔除了非贫困家庭的剥夺状态值，突出显示了所有多维贫困家庭的剥夺状态值。类似地，可以构建一个新的剥夺得分向量 $c(k)$ ，其中 $c_i(k) = \sum_{j=1}^{d} g_{ij}^0(k)$ 。在 $c(k)$ 中，如果家庭 i 是非多维贫困的，则 $c_i(k) = 0$ ，如果家庭 i 是多维贫困的，则 $c_i(k) = c_i$ 。

第三步，计算多维贫困指数，$MPI = \frac{1}{n}\sum_{i=1}^{n} c_i(k)$ 。

假设采用上述双界线法共识别出 q 户多维贫困家庭，则 MPI 还可以表示为 $MPI = \frac{q}{n} \cdot \left[\frac{1}{q}\sum_{i=1}^{n} c_i(k)\right]$ 。其中 $H = \frac{q}{n}$ 表示多维贫困发生率，$A = \frac{1}{q}\sum_{i=1}^{n} c_i(k)$ 被定义为平均剥夺得分，用以反映多维贫困强度，$MPI = H \times A$。

二、指标体系构建

本研究构建的多维贫困指数包含教育、健康和生活水平三个维度，各维度中指标和剥夺临界值设置主要参考全球多维贫困指数、已有文献和《中国农村扶贫开发纲要（2011—2020 年）》（以下简称《纲要》）的相关内容（见表 4 - 4）。以家庭为识别单位，使用所有家庭成员的信息来识别家庭及其所有成员是否贫困。

《纲要》指出："到 2015 年，贫困地区学前三年教育毛入园率有较大提高；巩固提高九年义务教育水平；高中阶段教育毛入学率达到 80%；保持普通高中和中等职业学校招生规模大体相当；提高农村实用技术和劳动力转移培训水平；扫除青壮年文盲。到 2020 年，基本普及学前教育，义务教育水平进一步提高，普及高中阶段教育，加快发展远程继续教育和社区教育。"因此，在教育维度本研究选取了教育年限、适龄入学、学前教育三项指标，分别用来衡量成人、青少年和幼儿教育剥夺状态。

健康维度选取儿童营养、大病就医和慢病用药三个指标，无论是营养不良，大病不能及时就医，还是慢性病不能坚持服药都会对人的健康功能造成不良影响。使用身体质量指数（Body Mass Index，BMI）来评估人类营养状况是国际通行做法。根据世界卫生组织（WHO）标准，5 岁以上家庭成员营养指标采用年龄身体质量指数（BMI - for - age）来衡量，0 ~ 5 岁家庭成员营养指标采用年龄体重指标（weight - for - age）来衡量。

和全球多维贫困指数一样，本研究构建的多维贫困指数中生活水平维度包括六项指标：卫生设施、清洁饮水、做饭燃料、电力供应、房屋材料和耐用品。卫生设施、清洁饮水和做饭燃料是千年发展目标的三项标准指标。没有清洁的饮用水和做饭燃料以及改善的卫生设施会对健康造成危害（UN，2003）。水质和卫生条件差是造成发展中国家死亡和疾病多发的主要原因之一。例如，Duflo 等（2015）发现，无论从短期还是长期来看，印度农村地区饮用水和卫生设施的综合改善使治疗性腹泻减少了 30% ~50%。电力供应和房屋材料提供了住房质量的基本信息。最后一个指标是耐用品，如果家庭最多只拥有下列家用电器或交通工具中的两项，包括彩色电视机、洗衣机、冰箱、空调、电脑、微波炉、电饭煲、电话（手机）、电动自行车、摩托车、汽车，则视为在耐用品指标上被剥夺。

表 4－4　多维贫困指数的维度、指标、剥夺临界值及权重设置

维度/指标	剥夺临界值	权重
教育维度		
教育年限	任意 18 ~60 岁家庭成员受教育年限小于 5	1/9
适龄入学	任意小学至高中阶段适龄儿童未上学	1/9
学前教育	任意 3 ~6 岁儿童未接受学前教育	1/9
健康维度		
营养	任意成员的 BMI 低于世卫组织正常标准	1/9
大病就医	任意成员在过去一年遭受重大疾病或伤害却未及时就医	1/9
慢病用药	任意成员患有慢性病而没有坚持长期用药	1/9
生活水平维度		
做饭燃料	常用的做饭燃料不属于清洁燃料	1/18
卫生设施	家庭没有室内冲水式厕所	1/18
清洁饮水	饮用水不属于检测合格的自来水或深井水	1/18
电力供应	住房无电力供应或经常断电	1/18
房屋材料	房屋材料不属于框架、砖混或木质结构，或属于危房	1/18
耐用品	彩电、冰箱、洗衣机等主要资产最多只拥有两项	1/18

一般认为，以上三个维度对于家庭福利来说同等重要，各维度内的不同指标也同样重要，因此本文采用常用维度和指标的双重等权重方法，三个维度各占 1/3 权重，每一维度内各项指标也拥有相同权重。

加权计算出家庭剥夺得分之后，下一步就是识别家庭是否属于多维贫困。因此，我们必须设定一个多维贫困临界值。有两种极端的可能性，分别称为并集方法和交集方法。并集方法是指，家庭只要有一项指标被剥夺，则被识别为多维贫困。交集方法是指，只有在所有指标都被剥夺的情况下，家庭会才被识别为多维贫困。多维贫困临界值应该介于这两种极端情况之间。并集方法过于严格，以致不能准确识别家庭的多维贫困状况。例如，家庭中一些成员可能没有受过足够的教育，但是他们身体健康，住在带抽水马桶的大房子里，并且拥有汽车，无论如何，我们也不会认为这是一个贫困家庭。在全球多维贫困指数中，当且仅当家庭在至少三分之一权重的指标上被剥夺时，才被识别为多维贫困。在本研究中，也将选择 $k = 1/3$ 作为多维贫困临界值。

第四节　本章小结

基于对贫困概念演进历史的回顾和梳理，本研究认为，相对于收入贫困和权利贫困，能力贫困的概念更符合当今中国发展阶段的需求，更符合准确衡量贫困状况的需要，也更符合脱贫攻坚战的政策目标。因此本研究中采用能力贫困概念，即将贫困定义为基本能力受到剥夺，具体表现为过早死亡、严重的营养不良、慢性流行病、大量的文盲以及其他方面的失败。

与能力贫困概念相对应的贫困测量方法是多维贫困方法。本章回顾了有关多维贫困测度的文献，尤其是对测量中国多维贫困状况的代表性文献进行了详细梳理和比较分析。在此基础上明确了构建多维贫困测量体系的思路，即使用 A－F 双界线法构建多维贫困指数，在维度设置上遵循全球多维贫困指数的做法，指标设置上基于能力贫困理论和中国具体国情，主要选用现有文献中的常用指标，权重设置采用等权重法，剥夺临界值设置尽可能参照中央和地方脱贫攻坚文件精神。

最后，本章第三节详细介绍了多维贫困指数的识别和加权程序，3 个维度和 12 项指标及其剥夺临界值的设置情况及相应理由。

第五章　合作社社会资本的多维减贫机制

本章将讨论合作社社会资本对多维贫困的影响机制，并提出理论假设，为后续经验研究构建理论基础。本书第三章中从健康、教育和生活水平三个维度构建了多维贫困指数。鉴于此，本章首先分别探讨合作社社会资本对健康、教育和生活水平三个维度的影响机制，提出合作社社会资本影响各维度贫困程度（受剥夺程度）的理论假设，进而综合提出合作社社会资本影响农户多维贫困概率和多维贫困程度的理论假设；其次，探讨合作社社会资本通过影响收入，进而影响农户多维贫困状况的机制，即收入的中介作用；最后，探讨合作社内部网络环境以及社员对合作社社会资本的动用能力在合作社社会资本多维减贫过程中所发挥的调节作用。

第一节　合作社社会资本对健康维度贫困的影响

"没有哪个领域像健康这样，与社会资本之间的关系如此紧密"（Putnam，1995b）。社会资本主要通过社会支持途径对个体健康水平产生影响（米松华等，2016），这里所谓的社会支持是指，个体从社会网络中获得的各种物质、精神或信息方面的支持和帮助。第一，物质支持，当个体需要有关健康的物质方面的帮助时，可以从其社会网络中获得相应的资源（Almedom，2005），这种物质支持本身就是一种社会资本，个体拥有的社会资本越多，能够获得的促进健康的物质支持也就越多。在家庭面临“因病致贫”风险时，来自社会网络的物质支持还可能成为医疗保障制度的有效补充（Russel，2004），对于保险不足或没有医疗保险的低收入家庭，当家庭无力承担就医成本时，其社会网络中的亲朋好友或社会慈善组织所提供的物质支持有可能帮助家庭渡过难关，免予陷入贫困。第二，情感支持，生物学研究已经证明，信任缺失会引发个体生理变化，导致心理或生理方面的疾病（Giordano 等，2012），而社会资本能够促进相互信任的社会环境，积极的社会参与和社会交往能够满足个体情感与归属的需要，使个体能够及时充分地宣泄负面情绪，进而降低个人所面临的各种压力，改善个体心理与生理健康，同时还能提升对自身和周围人的责任心，无形中使个体自觉减少不利于自身健康的危险行为（Folland，2008）。第三，信息支持，在社会网络中交换和传播的信息是社会资本的重要内容之一，其中也包含有关健康行为和健康生产的信息，拥有更多社会资本的个体，能够从其社会网络中获取更多有助于促进健康的信息和经验，从而使其在疾病预防和身体保健等方面的投入产出效率得以提高（Fiorillo 和 Sabatini，2011）。

在中国农村，个体所能动用的社会资本主要来自基于亲缘、地缘和血缘关系形成的个体中心网络，这种网络关系以强关系为主。当个体加入合作社后，可以或多或少地动用合作社社会资本（包括合作社内部社会资本和外部社会资本），使其能够在更广泛的社会网络中寻求物质、情感和信息方面的社会支持，对个体健康水平将产生一定的积极影响。在物质支持方面，合作社可以通过组织募捐或提供贷款的方式为面临疾病冲击的社员提供资金支持，帮助其渡过难关。以合作社内部社会资本为纽带，社员之间相互提供保险，共同面对可能遭遇的大病冲击，能在一定程度上减轻健康贫困程度。患病社员还可以通过动用合作社外部社会资本来寻求更多物质支持，如慈善组织的援助、高级别医院紧俏的专家号和病床位等。在情感支持方面，合作社可以通过加强组织内成员沟通交流、释放不良情绪来改善社员身心健康（Stansfeld，2001）。

个体通过加入合作社能够认识更多新朋友，拓宽自己的社会关系，使自身可选择的交流对象更加多样化，同时拥有更多参与集体活动的机会，这些都会对个体身心健康产生积极影响。在信息支持方面，个体通过加入合作社能够使自身社会网络在一定程度上摆脱亲缘、地缘和血缘关系的局限，提升社会网络异质性水平，新增社会关系以弱关系为主，使自身能够获取更多、更新、更有用的促进身心健康和减轻疾病困扰的信息。同时，为了增强组织凝聚力，合作社往往会组织各种形式的讲座和培训，其中就可能包括与健康相关的主题讲座。本研究认为，加入合作社，使农村家庭具备动用合作社内部社会资本和外部社会资本的资格，所加入合作社的社会资本存量越丰富，农村家庭健康贫困程度越轻。因此，我们提出合作社社会资本减轻健康维度贫困程度的两个理论假设。

H1a：合作社内部潜在社会资本存量对降低农户健康贫困程度具有正向影响。

H1b：合作社外部社会资本存量对降低农户健康贫困程度具有正向影响。

第二节　合作社社会资本对教育维度贫困的影响

社会资本主要通过两种机制对教育产生直接影响，社会学家称其为网络资源和社会闭合（赵延东和洪岩璧，2012）。

网络资源机制是指，家庭社会资本中的网络资源有助于子女获得更好的教育机会。家长所拥有的社会资本量越大，能为子女提供的教育机会则越多越好，子女获得更高水平教育成就的可能性也越大。有证据显示，由于移民家庭的社会网络资源一般低于土生土长的本地家庭，因此在子女教育获得上往往处于劣势（Valenzuela 和 Dornbusch，1994；Hagan 等，1996）。同样地，少数族裔学生往往更难考入大学，原因不仅在于少数族裔家庭相对缺乏经济资本和文化资本，还在于这些学生能够从家庭成员社会资本中获得的网络资源明显较少（Perna 和 Titus，2005）。另外，对于不同阶层的家庭，除了所拥有的社会资本存量存在差异之外，将家庭拥有的社会资本存量用于促进子女教育获得的意愿也存在差异（Ream 和 Palardy，2008），正如布厄迪和帕斯隆（2002）所指出的，社会地位决定着家庭所能嵌入社会网络的层次，对于社会地位最低的底层家庭，接受高等教育的主观愿望比客观机会还要小。

社会闭合机制是指，当家长与学生之间、家长与社区其他成年人之间的社会交流充分、社会网络封闭性高时，学生就会得到较丰富的社会资本，有利于其教育获得。社会闭合分为“家长参与”（Parental Involvement）和“代际闭合”（Intergenerational Closure）两种形式，前者是指家庭内部家长与学生之间的紧密关系，后者是指家长与老师和其他家长之间形成的紧密的、可以闭合的人际网络。家长在关注学生上投入的时间和精力是社会资本的一种重要表现形式，而家长与老师和其他家长之间的代际闭合网络可视为一种功能社群（Functional Community），能促进有关学生学习和生活的各种信息的交流和传递，有助于提升学生学习的努力程度和学习效率（Coleman，1990）。大量研究结果证明，家长参与，特别是家长经常与学生讨论学校的事儿，对学生学业成绩存在显著的正面影响（Ho 和 Willams，1996；McNeal，1999；Pong 等，2005）。而家长对学校各项活动的参与程度，以及家长与老师沟通的频率等变量都能显著提高学生的成绩和上大学的概率（Pong 等，2005；Perna 和 Titus，2005）。学生家长认识其他家长的人数越多，关系紧密度越高，学生辍学的概率往往越低（Carbonaro，1998；Israel 等，2001）。

上述两种社会资本影响教育获得的机制，在农村家庭加入合作社后都会有所加强。在网络资源机制方面，农村家庭基于亲缘、血缘和地缘关系形成的传统社会资本往往同质性很高，处于社会底层的家庭建立社会关系的对象大多也处于社会底层，这种社会资本中蕴含的网络资源对家庭中学生教育获得的帮助非常有限。然而，当家庭加入合作组织之后，就可能新建一些社会关系，包括与农业大户、农业技术员、合作社经营管理人员的联系，甚至可能会与合作社外部网中的官员、企事业单位管理人员等产生联系，这将大大拓展家庭社会网络的规模，并显著提升家庭社会网络的层次。家庭社会网络的这种变化，不仅能使家庭获得更多、更有效的有助于教育获得的网络资源，而且会提升家长使用社会资本促进子女教育获得的意愿。在社会闭合机制方面，加入合作社的家庭能够在更大的社会网络中获取信息，信息涉及的领域不仅仅局限于农业生产方面，还可以是上面提过的有关健康生产的信息，当然也会接收到更多有关子女培养的信息。更多的信息获取和正向示范效应将有效提升家长对子女学习方面的重视程度，促使家长在子女学习上投入更多的时间和精力。同时，关心社区是国际合作社联盟提出的七项合作社原则中的一项，表现良好的合作社往往会在社区基础设施建设和社区社会资本积累方面有所作为，这也能为合作社中的家长与其他家长之间建立闭合人际网络创造更多便利条件。因此，我们提出合作社社会资本减轻教育维度贫困程度的两个理论假设。

H2a：合作社内部潜在社会资本存量对降低农户教育贫困程度具有正向影响。

H2b：合作社外部社会资本存量对降低农户教育贫困程度具有正向影响。

第三节 合作社社会资本对生活水平维度贫困的影响

根据本书第四章中界定的能力贫困概念和多维贫困指数，生活水平维度的衡量，既涉及住房、卫生设施和耐用品等私人物品，也涉及清洁燃料、清洁饮用水和电力供应等公共物品。

住房、卫生设施和耐用品等私人物品的消费主要取决于农户收入水平，合作社社会资本若能对农户收入产生正面影响，也就能够间接提升这些影响生活水平的私人物品消费水平，关于收入的中介效应将在本章第四节中进行详细探讨。根据消费理论，除了收入之外，旁人消费的示范效应和价格都是影响个体消费的重要因素。国内一些研究已经证明，农民工为了适应城市的生活和工作环境，会逐渐建立以业缘和友缘关系为主的关系网络，使自身网络规模拓展的同时，网络成员异质性也明显提升（朱红根和解春艳，2012）。新增的社会关系中较高阶层的人群明显增加，网络资源整体质量提高，这种跨越型社会资本的增加，通过消费的示范效应，会促进农民工消费档次的提高（李树良，2017）。农户通过加入合作社也能达到与外出务工类似的效果，在合作社中也会结识一些更高层次的新朋友，受这些新朋友的示范效应影响，农户的眼界得以开阔，思想得以转变，异质性的消费观念和生活状态也会在潜移默化中产生效果。除示范效应之外，价格机制也会对农户在住房、卫生设施和耐用品方面的消费产生积极影响。在社员需要采购建筑装修材料和家具家电等大件耐用商品时，可以通过合作社内部网络获取更多信息，起到“货比三家”的作用，甚至有可能通过合作社外部网络联系合适的供应商，以获取更多价格优惠，如果同时有一些社员需要购买同类产品，以服务社员为宗旨的合作社可能还会通过组织团购来获取更多价格折扣，更好的售后服务。

一些研究已经证明，社会资本对农户参与公共物品供给行为存在积极影响（李冰冰和王曙光，2013）。在中国，寺庙、宗族等民间组织影响力较大的村庄，公共物品供给水平明显高于其他村庄，以单一宗族为主的村庄往往会提供更多的公共物品和公共服务（Tsai，2007）。如果选举产生的村支书出自村中最大姓氏，其任期内村庄自发的公共物品投资将会增加，因为其拥有来自所属宗族的庞大社会网络支持（Xu 和 Yao，2009）。众所周知，公共物品供给短缺的原因主要来自集体行动时存在的“搭便车”问题，而社会资本被认为是化解集体行动困境的有效机制（Putnam 等，1994）。在中国农村，合作社社会资本能够将分散的农户集中起来，在公众决策和资源配置中发挥重要作用。信任可以促进合作行为（Fukuyama，1995），在高度信任的合作社中，社员一般愿意共同参与公共物品的生产和供应，如集资建设沼气池、水窖或小水电站等。因此，我们提出合作社社会资本减轻生活水平维度贫困程度的两个理论假设。

H3a：合作社内部潜在社会资本存量对降低农户生活水平贫困程度具有正向影响。

H3b：合作社外部社会资本存量对降低农户生活水平贫困程度具有正向影响。

第四节　合作社社会资本影响多维贫困的理论假设

本章前三节已经分别探讨了合作社社会资本对健康、教育和生活水平三个维度贫困程度的影响机制，相应提出了 H1a、H1b、H2a、H2b、H3a 和 H3b 六个理论假设。然而，第四章构建的多维贫困指数恰由健康、教育和生活水平三个维度构成。因此，我们有理由提出以下理论假设。

H4a：合作社内部潜在社会资本存量对降低农户多维贫困概率具有正向影响。

H4b：合作社外部社会资本存量对降低农户多维贫困概率具有正向影响。

H4c：合作社内部潜在社会资本存量对降低农户多维贫困程度具有正向影响。

H4d：合作社外部社会资本存量对降低农户多维贫困程度具有正向影响。

第五节　收入的中介效应

多维贫困与收入贫困之间既有联系又有区别（李博等，2018）。联系在于，收入不足使人们没钱上学、看病、改善生活水平，进而陷入多维贫困，反之，没有受过良好教育或健康状态不良的人，往往也缺乏赚取足够收入的能力，进而表现为收入贫困。区别在于，收入贫困关注“投入”，即人们是否拥有足够收入来购买满足基本生活所需的商品和服务，而多维贫困则直接聚焦“结果”，即人们是否已经拥有了实现基本可行能力所需的物品和服务（Whelan 等，2004；Haughton 和 Khandker，2009；Alkire 和 Santos，2014）。而诸如医疗保障、义务教育、通水通电等往往都涉及政府及社会提供的公共物品和公共服务，存在市场失灵问题（Bourguignon 和 Chakravarty，2003；Santos 和 Villatoro，2018），即使人们拥有足够的收入也并不一定能够买得到这些物品或服务（Hulme 和 Shepherd，2003；Dhongde 和 Haveman，2017）。也就是说，收入提升能够在一定程度上起到减轻多维贫困的效果。

许多研究发现社会资本能够在提高收入水平上发挥作用（Knack 和 Keefer，1997；Grootaert 等，2002；Abdul - Hakim 等，2010），合作社社会资本对农户收入的影响机制如下。

一是提高劳动生产率。社会资本能够整合各种资源，可作为物质资本和人力资本的替代品或互补品提高穷人家庭的劳动生产率并增加收入（Chantarat 和 Barrett，2012；安素霞，2005）。加入合作社的农户，较之没有加入合作社的农户，在整合社会网络中的物质资本和人力资本“为我所用”方面具有更多优势。目前我国农村的合作社以专业生产某一种或少数几种农产品的专业合作社为主。合作社大多会向社员提供技术指导，部分合作社拥有自己的农业机械，可以无偿或低价向社员提供服务，自己没有农业机械的合作社也可以应社员要求向专业的农机合作社“团购”服务。缺乏新品种种养殖经验的小农户可以向合作社内部专业大户学习交流，在种养殖过程中出现问题时，可以向合作社求助，合作社内部无法解决时，还可以通过合作社外部网络求助于高校和科研院所的专家。

二是降低交易成本。通过长期反复交易，合作社与外部组织之间会形成较为稳定而广泛的社会网络，这可以减少双方的机会主义行为，进而降低信息和交易成本，这是合作社竞争优势的最主要来源之一（Dyer 和 Singh，1998）。农户通过加入合作社，可以大大降低小农户与大市场对接过程中的交易成本，合作社社员不需要单独在市场中寻找农资供应商和农产品收购商，可以直接与合作社进行交易。合作社为了激励社员惠顾，将利用其外部社会资本为社员提供更有竞争力的采购和销售渠道。另外，在合作社内部，农户与合作社之间长期重复的交易，以及社员之间长期的交往与合作，都能促使合作社内部成员之间建立相对牢固的信任关系，相互信任能减少合作社内部的机会主义行为、降低干预或纠正不诚实行为和搭便车行为所需要的额外成本，提高集体活动的参与率。良好的人际关系和相互信任关系对合作社内部组织协调和决策制定起到至关重要的作用，能够有效降低集体决策过程中产生的各种矛盾和困境，并节约内部交易成本。

三是促进适宜技术推广。对于农业资源条件不利的贫困地区而言，采用新的适用技术成为克服资源环境约束、提高农业收入的一个重要途径。但许多研究表明，贫困地区在新技术推广方面往往慢于发达地区（周晔馨和叶静怡，2014）。研究证明，农村地区新技术推广与当地的社会网络和信任密切相关，即网络的信息传递效应和网络中蕴含的信任。来自坦桑尼亚农村的证据表明，基于宗族网络和村庄信任的农村社会资本有可能促进农业生产技术的普及和农业生产信息的传递（Narayan 和 Pritchett，1999）。对莫桑比克农村的研究也发现，农民采用新技术的决策受到其社会网络中其他农民决策的影响，而社会网络则作为一种重要的信息传递渠道（Bandiera 和 Rasul，2006）。合作社可以利用其外部和内部社会网络为适宜技术推广提供有效的信息传递途径，当社员存在农业技术需求时，其内部网络能高效收集整理分散的技术需求信息，其外部网络则有利于选择合适的农业技术研究推广机构，并将收集整理好的技术需求及时反馈给相应机构，这有利于相关机构针对农户需求展开应用型研究。当农业科研机构研究出某些科研成果时，合作社也能够使科技成果信息在广大社员中进行快速而广泛的传播。我国农业专业合作社内部社员一般专业生产同类农产品，对农业技术需求的差异较小，农技推广机构可以利用合作社网络将社员组织起来，集中开展培训和咨询服务，也可以先将农业新技术、新成果传授给合作社的负责人和骨干成员，当合作社中的部分人首先成为新技术的受益者后，合作社内部社会网络和社员间的信任关系就能起到很好的示范效应，从而使新技术迅速在其他社员间普及。

四是破解融资困难、促进创业。社会资本有助于破解贫困家庭因缺乏担保和信用信息而导致的融资困境，促进投资和创业，以拓展穷人的发展机会，提高其收入水平。信用合作社就是基于社会资本建立的一种有效的非正式金融形式，能够为农村居民融资，促进投资和创业。在印度尼西亚，就有许多最早产生于非正式轮转基金的社区组织，以及保留了轮转结构的规模更大的信用合作社（Eldridge，1995）。这样的轮转信用群体受到了社会资本文献的广泛关注（Putnam 等，1994；Gertler 等，2006），Hu（2007）在对中国东部农村标会运行机制的研究中也发现了信任对创业的正面影响。信用合作社取得成功的理论机制在于它利用了合作社内部社会资本，产生有效的信息共享、同伴监督和社会制裁机制。

五是提供就业机会。中国贫困农村的劳动力迁移和非农就业为提升农户收入提供了强大的外部力量。社会资本是促进农村剩余劳动力流动和非农就业的重要因素之一，许多文献通过在劳动经济学模型中引入社会资本变量，就社会资本对就业和工资的影响问题进行探讨，其作用机制主要包括社会网络的信息传递、信誉担保、筛选或屏蔽等传导机制（Montgomery，1991；Mortensen 和 Vishwanath，1994；Delattre 和 Sabatier，2007），以及身份定位机制（Akerlof 和 Kranton，2000；叶静怡等，2012）。随着大量农村劳动力进城打工，目前我国农民合作社的成员主要是仍然具备一定劳动能力的中老年人，加之少量拥有农村创业梦想的青壮年劳动力，以及少数需要照顾留守老人和留守儿童的青壮年劳动力。通过加入合作社，社员不仅可以通过与合作社交易来提升自家农业生产效益，而且可以争取到合作社工作岗位，使自家收入中再增加一份工资收入。这样一份当地工作岗位，既可以获得一定收入，也不耽误照料家庭，对于在家照顾留守老人和留守儿童的青壮年劳动力而言是很有价值的。此外，合作社外部社会网络，以及合作社内部网络中的一些能人，还可能帮助社员家庭中其他成员找到更合适的外出打工岗位，通过信息传递、信誉担保等机制能够有助于提高外出打工收入水平。因此，我们提出有关合作社社会资本多维减贫过程中收入中介效应的四个理论假设。

H5a：收入在合作社内部潜在社会资本存量与农户多维贫困概率之间起中介作用。

H5b：收入在合作社内部潜在社会资本存量与农户多维贫困程度之间起中介作用。

H5c：收入在合作社外部社会资本存量与农户多维贫困概率之间起中介作用。

H5d：收入在合作社外部社会资本存量与农户多维贫困程度之间起中介作用。

第六节　合作社内部网络环境的调节作用

根据本研究第三章的概念体系，合作社内部潜在社会资本存量中有多大比例能够转化为合作社内部实际社会资本存量，取决于合作社内部网络环境，因此，在合作社内部潜在社会资本存量发挥多维减贫作用的过程中，合作社内部网络环境起到调节作用。我们提出如下五个理论假设。

H6a：合作社内部网络环境在合作社内部潜在社会资本存量影响农户健康贫困程度过程中起到正向调节作用。

H6b：合作社内部网络环境在合作社内部潜在社会资本存量影响农户教育贫困程度过程中起到正向调节作用。

H6c：合作社内部网络环境在合作社内部潜在社会资本存量影响农户生活水平贫困程度过程中起到正向调节作用。

H6d：合作社内部网络环境在合作社内部潜在社会资本存量影响农户多维贫困概率过程中起到正向调节作用。

H6e：合作社内部网络环境在合作社内部潜在社会资本存量影响农户多维贫困程度过程中起到正向调节作用。

第七节　社员对合作社社会资本动用能力的调节作用

合作社拥有的社会资本存量包括内部社会资本存量和外部社会资本存量两部分，但这些社会资本并不是对所有社员平等共享的，不同社员动用合作社社会资本的能力差异取决于其对合作社进行的社会资本投资，主要包括与其他社员的沟通、对合作社的奉献、对集体活动和事务的参与三个方面。社员对合作社社会资本动用能力越强，则能够动用的合作社社会资本量相应也越大，合作社社会资本的多维减贫效应也越显著。

个体与其他社员的沟通越密切，对合作社的奉献程度越高，积极参与集体活动和事务，则可能获取更多的信息、机会和社会支持。从社会资本使用效率来说，个体对合作社的社会资本投资量，除了能够反映其社会资本投资的意愿之外，还能反映其社会资本投资的能力，社会资本投资能力强的个人往往具有较强的交流能力、学习能力和适应能力，因为较强的交流能力和适应能力意味着个体能够更容易地融入特定社会网络，而较强的学习能力和交流能力意味着个体能够更容易地对各类信息和思想进行吸收、转化和输出，这都有助于其构建和管理社会网络关系，同时也有助于提升个体将网络资源转化为自身收益的效率（Ziggers和 Henseler，2009）。因为，在社会交往中有时会涉及一些复杂而专业的资源和信息，如果个体不具备足够的交流能力、适应能力和学习能力，就不能通过观察、交流、思考、学习等方式将蕴含在社会资本中的有用资源和信息提炼出来，也就难以将其转化为有效的自身收益。因此，如果将个体对合作社的社会资本投资量视为交流能力、学习能力和适应能力的代理变量，那么，个体对合作社较高的社会资本投资量也暗示其具有较高的社会资本使用效率。综上所述，我们提出如下五个理论假设。

H7a：社员对合作社社会资本动用能力在合作社社会资本存量影响农户健康贫困程度过程中起到正向调节作用。

H7b：社员对合作社社会资本动用能力在合作社社会资本存量影响农户教育贫困程度过程中起到正向调节作用。

H7c：社员对合作社社会资本动用能力在合作社社会资本存量影响农户生活水平贫困程度过程中起到正向调节作用。

H7d：社员对合作社社会资本动用能力在合作社社会资本存量影响家庭多维贫困概率过程中起到正向调节作用。

H7e：社员对合作社社会资本动用能力在合作社社会资本存量影响农户多维贫困程度过程中起到正向调节作用。

第八节　本章小结

本章系统探讨了合作社社会资本减轻多维贫困的理论机制，并提出了24个理论假设，图5－1和图5－2对本章提出的所有理论机制和假设进行了概括。

图5－1中总结了合作社内部潜在社会资本和外部社会资本对健康、教育和生活水平三个维度贫困程度的影响机制，以及在此过程中合作社内部网络环境和社员对合作社社会资本动用能力的调节作用。

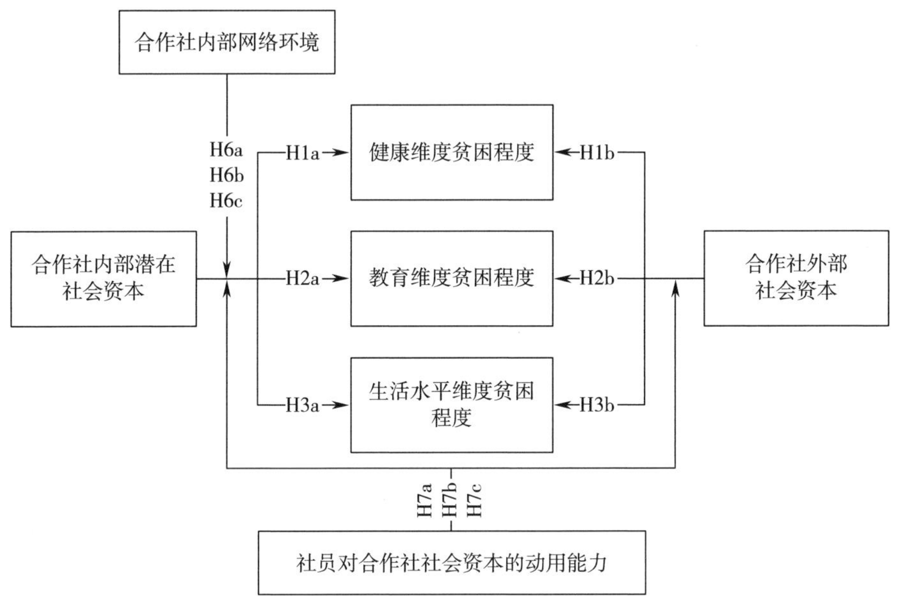

图5－1　合作社社会资本多维减贫机制图1

与图5－1相关的理论假设包括：

H1a：合作社内部潜在社会资本存量对降低农户健康贫困程度具有正向影响。

H1b：合作社外部社会资本存量对降低农户健康贫困程度具有正向

影响。

H2a：合作社内部潜在社会资本存量对降低农户教育贫困程度具有正向影响。

H2b：合作社外部社会资本存量对降低农户教育贫困程度具有正向影响。

H3a：合作社内部潜在社会资本存量对降低农户生活水平贫困程度具有正向影响。

H3b：合作社外部社会资本存量对降低农户生活水平贫困程度具有正向影响。

H6a：合作社内部网络环境在合作社内部潜在社会资本存量影响农户健康贫困程度过程中起到正向调节作用。

H6b：合作社内部网络环境在合作社内部潜在社会资本存量影响农户教育贫困程度过程中起到正向调节作用。

H6c：合作社内部网络环境在合作社内部潜在社会资本存量影响农户生活水平贫困程度过程中起到正向调节作用。

H7a：社员对合作社社会资本动用能力在合作社社会资本存量影响农户健康贫困程度过程中起到正向调节作用。

H7b：社员对合作社社会资本动用能力在合作社社会资本存量影响农户教育贫困程度过程中起到正向调节作用。

H7c：社员对合作社社会资本动用能力在合作社社会资本存量影响农户生活水平贫困程度过程中起到正向调节作用。

图5－2中总结了合作社内部潜在社会资本和外部社会资本对农户多维贫困概率和多维贫困程度的影响机制，包括在此过程中收入的中介效应，以及合作社内部网络环境和社员对合作社社会资本动用能力的调节作用。

与图5－2相关的理论假设包括：

H4a：合作社内部潜在社会资本存量对降低农户多维贫困概率具有

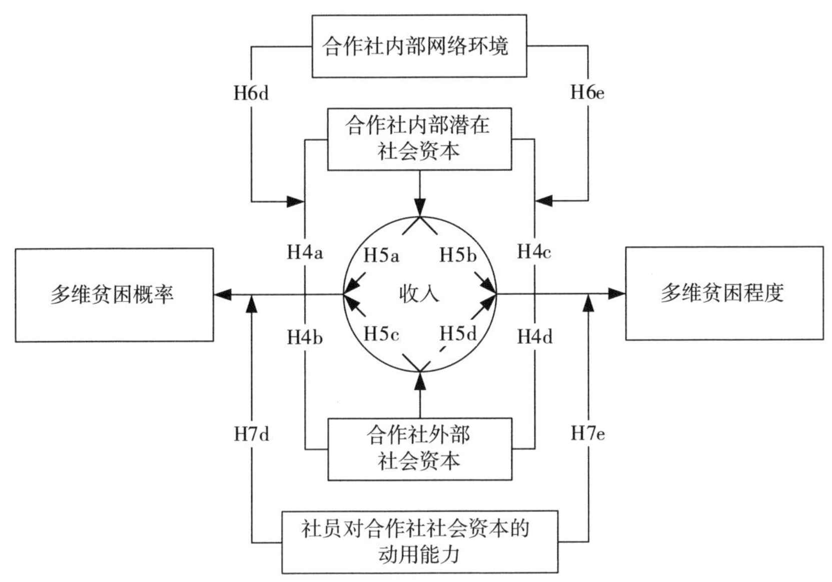

图5－2　合作社社会资本多维减贫机制图2

正向影响。

H4b：合作社外部社会资本存量对降低农户多维贫困概率具有正向影响。

H4c：合作社内部潜在社会资本存量对降低农户多维贫困程度具有正向影响。

H4d：合作社外部社会资本存量对降低农户多维贫困程度具有正向影响。

H5a：收入在合作社内部潜在社会资本存量与农户多维贫困概率之间起中介作用。

H5b：收入在合作社内部潜在社会资本存量与农户多维贫困程度之间起中介作用。

H5c：收入在合作社外部社会资本存量与农户多维贫困概率之间起中介作用。

H5d：收入在合作社外部社会资本存量与农户多维贫困程度之间起中介作用。

H6d：合作社内部网络环境在合作社内部潜在社会资本存量影响农户多维贫困概率过程中起到正向调节作用。

H6e：合作社内部网络环境在合作社内部潜在社会资本存量影响农户多维贫困程度过程中起到正向调节作用。

H7d：社员对合作社社会资本动用能力在合作社社会资本存量影响家庭多维贫困概率过程中起到正向调节作用。

H7e：社员对合作社社会资本动用能力在合作社社会资本存量影响农户多维贫困程度过程中起到正向调节作用。

第六章　合作社社会资本和多维贫困的测量与统计

本章在详细介绍实地调查和数据处理过程的基础上，对样本农户多维贫困状况和个体社会资本存量，样本合作社内、外部社会资本存量，以及样本农户动用合作社社会资本能力进行测量和统计分析，一方面有助于人们了解中国农村家庭多维贫困和个体社会资本，以及合作社社会资本的现状，另一方面也为后续经验研究提供数据支持。

第一节　调查与数据

近年来我国脱贫攻坚成效显著，大部分农村地区的贫困发生率已降至很低水平，只有在一些深度贫困地区开展调查时，才能保证随机抽样出的农户中存在足够比例的多维贫困家庭。而且本研究的目的聚焦于合作社社会资本减轻多维贫困的机制和效应，并非衡量中国农村多维贫困的平均发生率。鉴于此，本研究选择截至 2019 年 5 月仍未摘帽的国家级贫困县作为备选调查区域，共有 485 个县，分布在 26 个省市自治区，分别是西藏自治区（69 个）、贵州省（47 个）、甘肃省（39 个）、云南省（39 个）、内蒙古自治区（31 个）、陕西省（29 个）、四川省（29 个）、广西壮族自治区（22 个）、新疆维吾尔自治区（22 个）、湖南省（20 个）、安徽省（18 个）、湖北省（16 个）、山西省（16 个）、青海省（15 个）、黑龙江省（14 个）、河南省（14 个）、河北省（13 个）、吉林省（8个）、宁夏回族自治区（8个）、重庆市（6个）、海南省（5个）、江西省（5个）。由于东部地区并没有未摘帽的国家级贫困县，考虑到研究经费限制和异地调查存在的困难，本研究选择中部地区的湖北省和西部地区的甘肃省开展代表性调查。

实地调查分为农户调查与合作社社长调查两部分。农户调查问卷内容主要包括农户基本信息、多维贫困状况、收入状况、个体中心网状况、对合作社网络环境的评价、对合作社的社会资本投资6个模块。社长调查问卷内容主要包括个人及合作社基本信息、合作社外部网络情况两大模块，社长访谈内容主要涉及在合作社在脱贫攻坚中的一些经验，以及存在的问题和建议等。

实地调查于2019年7月至9月展开，共持续两个半月。本次调查采用多阶段分层抽样方法，计划抽取样本合作社30家，计划抽取样本农户900家。第一阶段，在湖北和甘肃两省的国家级贫困县名录中各随机抽取3个县，分别是湖北省的五峰土家族自治县、建始县和房县，以及甘肃省的清水县、西和县和东乡县；第二阶段，通过各县农业局合作社指导部门获取当地比较活跃的合作社名单，从各县提供的合作社名单中分别随机抽取5家合作社，若被抽取合作社的经营活动地区重叠，则进行替换，以保证各县最终确定的5家样本合作社的经营地区不重叠；第三阶段，确定样本合作社所在的行政村，对于经营活动覆盖多个行政村的样本合作社，将社员数量最多的行政村作为样本村；第四阶段，将样本村农户分为三类，第一类是村中样本合作社的社员农户，第二类是未加入任何合作社的农户，第三类是村中其他合作社（非样本合作社）的社员农户，在第一类和第二类农户中分别随机抽取20户和10户作为样本农户。通过数据处理，将存在明显数据缺失的问卷剔除，最终得到有效农户问卷851份，有效率为94.6%，其中，湖北省和甘肃省样本农户分别为432户和419户，参与合作社和未参与合作社的样本农户分别为573户和278户。30份社长问卷的填写质量很高，100%有效。

第二节　合作社社会资本的测算结果

一、样本农户个体社会资本存量

基于第三章构建的测度方法，本章首先根据样本农户对职业权力评价问题的答案，测量不同职业的权力得分，得分的取值范围在0到100分之间（见表6-1）。

表6-1　　　　个人职业权力量表

职业名称	权力得分	职业名称	权力得分	职业名称	权力得分
农民	5	酒店餐馆服务员	9	行政办事人员	56
农业技术人员	15	营销人员	14	经济金融从业人员	45
农资销售人员	11	护士	25	科学研究人员	57
农产品收购人员	13	司机	19	法律专业人员	68
村干部	28	会计	44	工程技术人员	56
个体户	18	警察	53	大学教师	62
保姆（小时工）	7	厨师（炊事员）	15	中小学教师	49
建筑工人	8	党政机关领导干部	81	医生	66
产业工人	13	企事业领导干部	75		

接着根据第三章第四节中Q2问题的回答，计算样本农户个体社会资本存量的4项测量指标，描述性统计结果如表6-2所示。在851户样本农户中，个体中心网网络成员人数的均值为8.22，标准差为6.27，表明样本农户个体中心网的网络规模差异较大；网络水平的均值为15.17，说明样本农户个体中心网的社会层次较低；在全部26个职业分类中，样本农户个体中心网成员分布职业数量的均值仅3.12，表明样本农户个体中心网的异质性较低；网络顶端的均值为45，表明样本农户个体中心网中职业权力得分最高成员的社会地位与会计或经济金融从业人员大体相当。

表 6－2　农户个体社会资本存量衡量指标的描述性统计

指标名称	指标定义	均值	标准差	最大值	最小值
网络规模	个体中心网的网络成员人数	8.22	6.27	40	1
网络水平	个体中心网的网络成员职业权力的平均得分	15.17	13.96	72	5
网络差异	个体中心网的网络成员所涉及的职业数量	3.12	2.86	26	1
网络顶端	个体中心网的网络成员职业权力的最高得分	45	28	81	5

二、样本合作社内部潜在社会资本存量

合作社内部潜在社会资本存量有 3 项测量指标：合作社内部网络规模、社员平均网络水平和社员个体中心网异质性。根据第三章第四节所述测量方法，本研究对 30 家样本合作社内部潜在社会资本存量指标进行了测算，描述性统计如表 6－3 所示。从合作社内部网络规模来看，被调查的 30 家合作社社员人数差异较大；社员平均网络水平的均值为 18.32，略高于全部样本农户网络水平的均值 15.17，这表明参与合作社的农户个体中心网的网络水平略高于未参与合作社的农户；社员个体中心网异质性指数的取值范围介于 0 到 1 之间，越趋近于 0 意味着同质化程度越高，从测量结果不难看出，样本合作社社员个体中心网的异质性是较低的。

表 6－3　合作社内部潜在社会资本存量测量指标的描述性统计

指标名称	指标定义	均值	标准差	最大值	最小值
合作社内部网络规模	合作社社员总人数	185	138	862	54
社员平均网络水平	参加特定合作社的样本农户个体中心网网络水平的均值	18.32	5.69	25.33	13.52
社员个体中心网异质性	参加特定合作社的样本农户个体中心网的异质性指数	0.18	0.07	0.28	0.10

三、样本合作社内部网络环境

合作社内部网络环境有3项指标，共6个题项，各题项均采用Likert五分量表进行调查。根据参加样本合作社的573户样本农户调查问卷，我们对有关合作社内部网络环境的6个题项进行了测量，描述性统计如表6-4所示。结果显示，合作社内部社员之间，以及社员对管理层的信任程度不是很高，均值介于“基本信任”（得分3）和“比较信任”（得分4）之间，社员对管理层的信任略低于社员之间的信任程度；社员之间共享知识、信息和经验的程度较低，均值只是略高于“一般”（得分3），社员之间互助的程度更低，均值介于“一般”和“比较少”（得分2）之间；合作社集体活动丰富程度指标均值为3.84，表明样本合作社举办集体活动的平均周期介于“每半年一次”（得分3）到“每季度一次”（得分4）之间，合作社集体活动社员参与程度指标均值为3.52，意味着在家的社员中有“半数左右”（得分3）至“大部分”（得分4）会参加合作社举办的集体活动。

表6-4　　合作社内部网络环境测量指标的描述性统计

指标和题项	均值	标准差	最大值	最小值
信任指标				
社员对合作社管理层的信任程度	3.48	0.72	4.93	2.47
社员之间的信任程度	3.72	0.89	5.00	2.33
互惠合作指标				
社员间互助程度	2.72	0.68	4.33	1.93
社员间共享程度	3.04	0.84	4.53	2.06
集体行动指标				
合作社集体活动丰富程度	3.84	0.76	4.93	1.06
合作社集体活动社员参与程度	3.52	1.01	4.86	1.66

四、样本合作社外部社会资本存量

根据第三章第四节中的测量方法，我们首先根据样本合作社社长对单位权力评价问题的答案，测量了不同类型单位的权力得分，得分的取值范围在0到100分之间（见表6－5）。

表6－5 单位权力量表

职业名称	权力得分	职业名称	权力得分	职业名称	权力得分
农技推广单位	46	农资销售企业	24	农产品批发商	36
大型超市	44	农产品生产加工企业	40	其他合作社	35
农业大户和家庭农场	20	银行和信用社	78	部级以上高校和科研院所	72
省市级高校和科研院所	64	省级政府部门	98	市级政府部门	88
县级政府部门	80	乡镇级政府部门	68	村集体组织	48

根据样本合作社社长对第三章第四节中Q4的回答，测量有关合作社外部网社会资本存量的4项指标，描述性统计结果如表6－6所示。在30家样本合作社中，合作社外部网的网络成员数均值为21.67，标准差为10.20，网络规模存在一定差异；网络水平的均值为45.33，表明样本合作社外部网成员的平均权力水平与“大型超市”相当；在全部15个单位分类中，样本合作社外部网成员所属单位类型数的均值为9.56，表明合作社个体中心网具有一定的异质性；网络顶端的均值为84.2，意味着样本合作社中的大部分与县级以上政府部门或权力等级相当的单位建立了互惠合作关系。

表6－6 合作社外部网社会资本存量测量指标的描述性统计

指标名称	指标定义	均值	标准差	最大值	最小值
网络规模	合作社外部网的网络成员数	21.67	10.20	65	10
网络水平	合作社外部网网络成员的单位权力平均得分	45.33	11.28	64.50	31.25
网络差异	合作社外部网的网络成员涉及单位类型数	9.56	3.17	15	4
网络顶端	合作社外部网网络成员的单位权力最高得分	84.2	5.34	98	68

五、社员对合作社社会资本动用能力

社员对合作社社会资本的动用能力有3项指标，共6个题项，各题项均采用Likert五分量表进行调查。根据参加样本合作社的573户样本农户调查问卷，本研究对相关的6个题项进行了测量，描述性统计如表6－7所示。结果显示，被访社员与所属合作社领导的平均联系沟通频率较低，介于每季度联系1次（得分3）到每半年联系1次（得分2）之间，但不同被访社员该题项得分的差异较大，标准差为1.21；被访社员与其他社员联系沟通频率题项的得分均值为2.62，意味着“偶尔会联系”；与奉献指标相关的两个题项得分均值都在4分左右，表明被访社员还是比较愿意将自己拥有的知识、信息、思想以及人脉关系贡献给合作组织的；受访社员对合作社集体活动的参与程度的得分均值为3.57，表明社员平均参与了超过半数的集体活动，但社员参与合作社经营决策的程度却很低，平均得分仅为1.83，介于参与程度较低（得分2）和参与程度很低或几乎没有参与（得分1）之间。

表6－7　社员对合作社社会资本动用能力测量指标的描述性统计

指标和题项	均值	标准差	最大值	最小值
沟通指标				
与合作社领导联系沟通的频率	2.35	1.21	5	1
与加入合作社后新认识的社员联系沟通的频率	2.62	0.89	5	1
奉献指标				
向合作社贡献自有知识、信息和思想的意愿	4.02	0.58	5	1
向合作社贡献自有人脉关系的意愿	3.84	0.87	5	1
参与指标				
受访者对合作社集体活动的参与程度	3.75	1.17	5	1
受访者对合作社经营决策的参与程度	1.83	0.71	5	1

六、社会资本相关变量的描述性统计

本研究使用因子分析法分别对样本农户个体社会资本存量、样本合作社内部潜在社会资本存量、样本合作社内部网络环境、样本合作社外部社会资本存量以及社员对合作社社会资本动用能力5个变量进行综合评价。信度和效度检验结果显示，上述各方面相关题项的Cronbach's α系数均大于0.8，具有较好的信度，KMO和Bartlett球形检验的统计量均达到1%的显著性水平，表明具有较高效度，适合做因子分析。鉴于部分原始数据间存在量纲不同或指标值的显著差异，本研究首先将指标变量进行了标准化处理，然后对标准化后的数据进行主成分分析，得到相关矩阵的特征值、各指标的方差贡献率、累计贡献率、因子载荷和因子得分等。所有测量指标的因子载荷均大于0.7，表明收敛效度较高。最后以各指标方差贡献率为权重，将各指标因子得分进行加权，得到相应综合得分。由于事先对原始数据进行了标准化处理，标准化后，各指标数据的均值为0，导致最终计算出来的综合得分均值也为0，这种综合评价结果存在负值的情况会对后续计量分析产生不利影响。为解决这一问题，本研究根据统计学中的3σ原则，运用坐标平移的方法消除综合评价存在负值的情况（廖进中等，2010），具体而言，我们将所有样本的综合得分都加上其3倍标准差，并用调整后的综合得分作为上述5个变量的综合评价得分，描述性统计如表6－8所示。

表6－8　　社会资本相关变量综合评价得分的描述性统计

综合评价指数	均值	标准差	最大值	最小值
农户 i 的个体社会资本存量综合得分	2.43	0.81	4.78	0.15
合作社 j 的内部潜在社会资本存量综合得分	1.35	0.45	2.56	0.49
合作社 j 的内部网络环境综合得分	0.81	0.27	1.51	0.31
合作社 j 的外部社会资本存量综合得分	2.34	0.78	4.58	0.69
社员 k 对合作社社会资本动用能力综合得分	1.53	0.51	2.97	0.24

第三节　多维贫困的测算结果

根据第四章第三节构建的多维贫困测量指标体系，本研究从教育、健康和生活水平三个维度进行贫困衡量，其中教育和健康维度各包含3项衡量指标，生活水平维度包含6项衡量指标。全部851户样本农户在上述12项指标上的贫困发生率如图6－1所示。贫困发生率超过20%的指标共有4项，分别是卫生设施、做饭燃料、营养和教育年限。截至2019年调查期间，38.4%的样本农户家中仍然没有室内冲水厕所，一直以来，我国农村家庭在卫生设施指标上落后的状况都非常显著。张全红等（2019）在构建多维贫困测量指标时，将家中没有室内冲水或非冲水式厕所作为识别卫生设施贫困的标准，显然比本研究设定的标准要低，他们使用2014年中国家庭追踪调查（CFPS）数据，测量出的卫生设施贫困发生率却高达78.7%，由此可见，近年来我国在脱贫攻坚方面的努力已然取得了显著成效。虽然，样本农户中仍有29.8%的家庭在做饭时还没有使用上清洁燃料，但相较于已有研究使用前几年数据测量的结果，该指标上的贫困发生率已经明显降低，张全红等（2019）

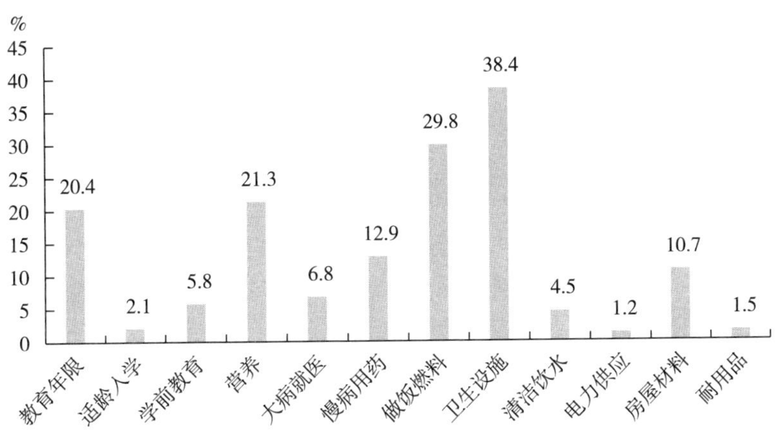

图6－1　样本农户单指标贫困发生率

用2014年数据测量的中国农村做饭燃料指标贫困发生率高达55.7%。营养和教育年限指标的贫困发生率分别意味着，21.3%的样本农户家中存在至少一位成员的身高体重指数（BMI）低于世卫组织公布的正常标准，以及20.4%的样本农户家中存在至少有一位18～60岁成员受教育年限小于5，不难理解，这两项指标贫困发生率较高的现状一方面源于中国农村贫穷落后的历史，另一方面也因为这两项指标都难以在短期内发生显著变化，尤其是教育年限指标，无论政府扶贫力度多大，该指标贫困发生率的降低都需要一个漫长的新老人口替代过程才能实现。

慢病用药和房屋材料两项指标上的贫困发生率也相对较高，都在10%以上。近年来健康扶贫政策体系越来越完善，一个显著表征在于大病就医指标的贫困发生率明显降低。张全红等（2019）测量的2014年大病就医指标贫困发生率为11.4%，采用的识别标准为“家庭任意成员在过去半年内遭受重大疾病或伤害且没有及时就医”，本研究将识别标准中“过去半年”延长为“过去一年”，提高了贫困识别标准。然而，本研究用2019年调查数据测量的大病就医贫困发生率还是显著下降到6.8%。但调查中也发现，在慢性病救助方面，虽然相关健康扶贫文件也给予了足够重视，但是在执行层面还需要进一步完善，主要表现为宣传不到位以至于部分慢性病患者不清楚慢性病门诊就医开药程序，以及药品供应不到位使得一些慢性病患者在定点医院买不到所需药品，不得不去民营药店自费买药。存在这些问题，导致慢性病用药指标上的贫困发病率依然较高，12.9%的样本农户表示家中存在至少一位成员患有慢性病而没有坚持长期用药的情况。近年来政府在农村居民住房保障方面也投入很大，危房改造和易地搬迁两类政策惠及了许多农村贫困家庭，但我们在调查过程中仍然发现了一些问题，一是以刷白换瓦为主要内容的危房改造工程仍然存在，山区尤为突出，许多土坯房被重新粉刷换瓦后，从外观看来焕然一新，但农户住房困难的问题并未得到实际解决，有的甚至仍属危房；二是不少异地搬迁户平时仍住在本应拆除复垦的原有住房中，仅在应付检查评估时才搬入新房暂住，究其原因大多还是因为新建的房屋距离承包地太远，不利于生产，或是新建房屋设计不甚合理，不能满足农村居民生产生活需要。也正是由于这些原因，住房材料指标上的贫困发生率仍然较高，约有10.7%的样本农户现居房屋不属于框架、砖混和木质结构，或属于危房。除上述指标外，其他如适龄入学、学前教育、清洁饮水、电力供应和耐用品上的贫困发生率都较低。

在权重设置上，本研究采用“维度等权重，维度内部指标等权重”的原则。在多维贫困识别时，多维贫困临界值设为 $k = 1/3$ ，即如果特定农户被判定为贫困（受剥夺）的指标所占权重总和超过1/3，那么该农户将被识别为多维贫困。此时，教育、健康和生活水平3个维度各占1/3权重，由于教育和健康维度内部各包含3项指标，因此这6项指标各占1/9权重，而生活水平维度内部包含6项指标，所以这6项指标各占1/18的权重。在单维贫困识别时，本节中将临界值也设为 $k = 1/3$ ，以健康维度贫困为例，该维度仅包含3项衡量指标，按照维度内等权重原则，每项指标所占权重就为1/3，也就是说特定家庭在教育年限、适龄入学和学前教育3项指标中只要有任何一项被判定为贫困（受剥夺），该农户就会被识别为教育贫困。健康维度的情况相同，生活水平维度由于包含6项指标，因此特定家庭在生活水平维度内部6项指标中只要有任何两项被判定为贫困（受剥夺），该农户就会被识别为生活水平维度贫困。据此，本研究对所有样本家庭多维贫困和单维贫困状态进行识别，并计算了相应的贫困发生率（见表6-9）。

表6-9　样本农户多维度和单维度贫困发生率

项目	多维贫困	教育维度贫困	健康维度贫困	生活水平维度贫困
样本农户数	851	851	851	851
贫困户数	133	207	263	257
非贫困户数	718	644	588	594
贫困发生率	15.63%	24.32%	30.93%	30.20%

除了贫困发生率外，贫困程度是常用来反映贫困状态的另外一个重要变量。根据第四章第三节的计算方法，本研究分别计算了所有 851 户样本农户在多维层面和单维层面的受剥夺程度，用以反映贫困程度，相应描述性统计结果如表 6－10 所示。农户 i 剥夺得分的计算公式为 $c_i = \sum_{j=1}^{d} w_j g_{ij}$，其中 w_j 表示指标 j 的权重，g_{ij} 表示农户 i 在指标 j 的剥夺状态值，受剥夺取值为 1，不受剥夺取值为 0。

表 6－10　　样本农户多维度和单维度贫困程度

项目	多维贫困程度	教育贫困程度	健康贫困程度	生活水平贫困程度
样本农户数	851	851	851	851
均值	0. 192	0. 107	0. 148	0. 219
标准差	0. 151	0. 205	0. 248	0. 171

第四节　社会资本与多维贫困的交叉统计分析

基于本研究目的，本节对样本农户的社会资本与多维贫困情况展开交叉统计分析。首先根据多维贫困和单维贫困识别情况将样本农户进行分组后，比较各组农户之间社会资本相关情况，结果如表 6－11 所示。不难看出在 851 户样本农户中，多维贫困组的农户的个体社会资本存量平均水平略低于非贫困组，在教育、健康和生活水平维度的比较也得出了类似的结论。周晔馨（2012）和彭文慧等（2018）研究证明收入贫困家庭社会资本拥有量小于非贫困家庭，本研究进一步发现收入以外其他维度贫困家庭的个体社会资本存量平均水平也低于非贫困家庭，可以说，“社会资本是穷人的资本”这一假说被进一步证伪。但是，如果我们将这一假说解读为：虽然贫困家庭与非贫困家庭相比，在物质资本、人力资本和社会资本上均存在绝对劣势，但相对于物质资本和人力资本上的绝对差距，在社会资本上的绝对劣势相对较小，因此可以认为贫困家庭在社会资本上存在比较优势。那么，至少本研究结论是支持这一观点的，因为从表6－11的测量结果来看，贫困组与非贫困组相比，个体社会资本存量均值的差异并不大。进一步研究可以将这种社会资本方面的差距与物质资本和人力资本方面的差距进行对比，从而更加严谨地得出结论。由于这并非本文的研究目的，因此未作相应对比，留作后续研究中分析。表6－11第二列对参与样本合作社的573户样本农户进行了分类比较，由于农户一般选择就近参与合作社，可供选择参与的合作社并不多，因此，我们主要比较贫困组和非贫困组之间对合作社社会资本动用能力的差异。从比较中不难发现，社员农户贫困概率与其对合作社社会资本的动用能力存在明显的相关关系，贫困组社员对合作社社会资本的动用能力显著低于非贫困组。

表6－11　　　贫困识别与社会资本情况的交叉统计

样本数		农户个体社会资本存量综合得分的均值	社员对合作社社会资本动用能力综合得分的均值
		851	573
多维度	贫困组	2.15	1.03
	非贫困组	2.48	1.62
教育维度	贫困组	2.27	1.12
	非贫困组	2.48	1.66
健康维度	贫困组	2.33	1.18
	非贫困组	2.50	1.69
生活水平维度	贫困组	2.36	1.19
	非贫困组	2.46	1.68

接着本研究将全部农户分为社员农户和非社员农户两组，样本数分别为278和573，从多维度和单维度上，分别比较了两组农户的贫困发生率和贫困程度，结果如表6－12所示。

表 6－12　　社员身份与多维贫困状况的交叉统计

样本数		非社员农户组	社员农户组
		278	573
多维度	贫困发生率	17.63%	14.66%
	贫困程度	0.2257	0.1758
教育维度	贫困发生率	26.98%	23.03%
	贫困程度	0.1164	0.1022
健康维度	贫困发生率	33.81%	29.49%
	贫困程度	0.1932	0.1262
生活水平维度	贫困发生率	33.09%	28.79%
	贫困程度	0.2507	0.2050

从多维贫困来看，加入合作社的农户贫困发生率和贫困程度均低于未加入合作社的农户，从教育、健康和生活水平三个单维贫困角度来看，结果是类似的，其中，在教育维度，两组农户的贫困发生率和贫困程度差异相对较小。上述分析从一定程度上证明合作社社员资格与农户的多维贫困状况存在相关关系，但还需要进一步研究去证实它们之间的因果联系。

第五节　本章小结

基于第三章、第四章构建的合作社社会资本和多维贫困测度方法，本书设计了相应的调查问卷，并于 2019 年 7 月至 9 月在湖北和甘肃两省中 6 个国家级贫困县开展了实地调研。通过多阶段分层抽样，共获得有效农户问卷 851 份，合作社问卷 30 份，其中，参与合作社和未参与合作社的样本农户分别为 573 户和 278 户。

在合作社社会资本测算方面，本章先对样本农户个体社会资本存量、样本合作社内部潜在社会资本存量、样本合作社内部网络环境、样本合作社外部社会资本存量以及社员对合作社社会资本动用能力 5 个变量的测量指标进行了计算，并报告了描述性统计结果，再使用因子分析法分别对5个变量进行了综合评价，样本农户个体社会资本存量综合得分的均值为2.43，样本合作社内部潜在社会资本存量综合得分的均值为1.35，样本合作社内部网络环境综合得分的均值为0.81，样本合作社外部社会资本存量综合得分的均值为2.34，社员农户对合作社社会资本动用能力综合得分的均值为1.53。

在多维贫困测算方面，样本农户在卫生设施、做饭燃料、营养和教育年限4项指标上的贫困发生率最高，均超过20%，慢病就医和房屋材料两项指标上的贫困发生率次之，都在10%以上，其余6项指标的贫困发生率较低。本章将 $k = 1/3$ 设为贫困识别临界值，计算出样本农户多维贫困发生率为15.63%，教育、健康和生活水平维度的贫困发生率分别为24.32%、30.93%和30.20%。样本农户多维贫困程度（剥夺得分）的均值为0.192，教育、健康和生活水平维度的贫困程度（剥夺得分）的均值分别为0.107、0.148和0.219。

最后，本章对样本农户的社会资本与多维贫困情况展开交叉统计分析，结果显示，贫困组农户的个体社会资本存量平均水平略低于非贫困组；贫困组社员农户对合作社社会资本的动用能力显著低于非贫困组社员农户；社员农户的贫困发生率和贫困程度均低于非社员农户。

第七章　合作社社会资本的多维减贫效应

本章将利用2019年在湖北省和甘肃的实地调查数据，对第五章提出的有关合作社社会资本多维减贫的理论假设进行经验检验。首先，依次检验合作社社会资本影响健康、教育和生活水平维度贫困程度的理论假设，然后，重点检验合作社社会资本影响多维贫困概率和多维贫困程度的理论假设，最后，检验收入在合作社社会资本多维减贫过程中的中介效应。

第一节　合作社社会资本对健康维度贫困的影响

根据第五章的论述，合作社社会资本对健康维度贫困的影响主要分为两个方面，一是合作社内部社会资本对健康的影响，二是合作社外部社会资本对健康的影响。在这两个方面，社员对合作社社会资本动用能力都起到调节作用，而在内部社会资本方面，合作社内部网络环境也发挥调节作用。图7－1概括了上述影响机制。

如图7－1所示，本节将对第五章提出的H1a、H1b、H6a和H7a四个理论假设进行经验检验，这四个理论假设的具体内容如下：

H1a：合作社内部潜在社会资本存量对降低农户健康维度贫困程度具有正向影响。

H1b：合作社外部社会资本存量对降低农户健康维度贫困程度具有正向影响。

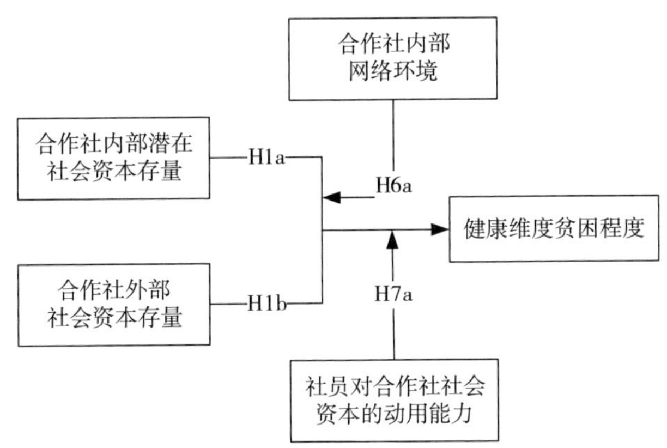

图7－1　合作社社会资本对健康维度贫困的影响机制

H6a：合作社内部网络环境在合作社内部潜在社会资本存量影响农户健康维度贫困程度过程中起到正向调节作用。

H7a：社员对合作社社会资本动用能力在合作社（内部潜在和外部）社会资本存量影响农户健康维度贫困程度过程中起到正向调节作用。

一、变量说明与模型构建

1. 因变量：本节中因变量为农户健康维度贫困程度，有关该变量的描述性统计可见表6－10。

2. 自变量：本节中自变量包括合作社内部潜在社会资本存量综合得分、合作社外部社会资本存量综合得分、合作社内部网络环境综合得分和社员合作社社会资本动用能力综合得分。需要说明的是，对于未加入合作社的样本农户，以上4个变量的取值均为0。

3. 控制变量：为了在评估合作社社会资本多维减贫效应时，剔除传统社会资本的干扰，在本章所有计量模型中，农户个体社会资本存量综合得分将被作为控制变量被引入模型。理论上，将农户个体社会资本存量综合得分作为控制变量的做法还能有效克服内生性问题。此外，参考有关健康影响因素的已有文献（薛新东等，2012；周广肃等，2014；孙博文等，2016；许兴龙等，2017），本文还选取了以下控制变量：家庭成员数、家中60岁以上长者人数、家中吸烟者人数、家中饮酒者人数、家中缺乏锻炼者人数、家庭成人平均受教育年限、家中离异或丧偶者人数和家庭所在省份。

4. 模型构建：本节基准回归方程见式（7.1）。

$$Y_i = \alpha + \beta X_i + \gamma Z_i + \mu_i \tag{7.1}$$

式（7.1）中 Y_i 为因变量，此处表示农户 i 健康维度贫困程度，X_i 表示自变量的列向量，β 表示自变量影响系数向量，Z_i 为控制变量的列向量，γ 为控制变量影响系数向量。μ_i 为残差项，反映未观测变量对农户健康贫困程度的影响。

二、估计结果

基于上述变量选取和模型设定，本节采取多元层次回归分析，将自变量、调节变量和交互项分别引入到回归模型中，进行显著性检验，结果见表7-1。其中，模型1考察了控制变量与因变量之间的关系，模型2和模型3分别考察了合作社内部潜在社会资本存量和外部社会资本存量对农户健康维度贫困程度的影响，模型4检验了合作社内部潜在社会资本存量影响农户健康贫困程度过程中合作社内部网络环境和社员对合作社社会资本动用能力的调节作用，模型5检验了合作社外部社会资本存量影响农户健康维度贫困程度过程中社员对合作社社会资本动用能力的调节作用。

表7-1　合作社社会资本影响健康维度贫困程度的回归结果

变量	模型1	模型2	模型3	模型4	模型5
农户个体中心网社会资本存量	-0.063**	-0.055*	-0.045**	-0.095**	-0.068**
家庭成员数	0.127**	0.134*	0.129**	0.108***	0.142**
家中60岁以上长者人数	0.183***	0.215***	0.197**	0.263***	0.227***

续表

变量	模型 1	模型 2	模型 3	模型 4	模型 5
家中吸烟者人数	0.058**	0.085*	0.063**	0.126*	0.095*
家中饮酒者人数	0.036**	0.063**	0.029*	0.118*	0.082**
家中缺乏锻炼者人数	0.009*	0.015*	-0.002	0.055*	0.014*
家中离异或丧偶者人数	0.005*	0.003	-0.005	0.008	0.011
家中成年人平均受教育年限	-0.071***	-0.053**	-0.039*	-0.041***	-0.045**
家庭所在省份（甘肃 =0，湖北 =1）	-0.028***	-0.031***	-0.037***	-0.035**	-0.041**
合作社内部潜在社会资本存量		-0.085**		-0.027**	
合作社外部社会资本存量			-0.058*		-0.016*
合作社内部网络环境				-0.052*	
社员对合作社社会资本动用能力				-0.035***	-0.029*
合作社内部潜在社会资本存量 × 合作社内部网络环境				-0.049***	
合作社内部潜在社会资本存量 × 农户对合作社社会资本动用能力				-0.023**	
合作社外部社会资本存量 × 农户对合作社社会资本动用能力					-0.042*
常数项	0.046**	0.074**	0.066**	-0.077**	-0.085**
样本数	851				
调整后的 R^2	0.326	0.365	0.398	0.523	0.448
F 值	14.765***	20.134***	24.112***	95.949***	73.302***

注：***、** 和 * 分别表示在 1%、5% 和 10% 的统计水平上显著。

由表 7 -1 中模型 1 的估计结果可知，农户个体社会资本存量、家庭成员数、家中 60 岁以上长者人数、家中吸烟者人数、家中饮酒者人数、家中缺乏锻炼者人数、家中离异或丧偶者人数、家庭成人平均受教育年限和家庭所在省份 9 个控制变量对农户健康贫困程度均存在显著影响，各变量参数估计情况与理论预期均保持一致。根据本研究建立的多维贫困指标体系，健康维度的 3 项指标（营养、大病就医和慢病用药）赋值时，只要“任意家庭成员”受剥夺，就认定整个家庭受剥夺（见

表4－4），所以家庭人口越多，特别是健康风险较高的家庭成员（如老年人、吸烟饮酒者、缺乏锻炼者、离异或丧偶者）越多，健康维度受剥夺的概率就越大，农户健康维度贫困程度就越高。因此，理论上预测这些有关家庭成员数的变量参数估计应为正数，实际估计结果也证实了这一点。家庭成年人平均受教育年限越高，健康意识和健康生产能力往往也越高，湖北省与甘肃省相比，在人居环境和医疗环境两方面对健康水平都更有利，因此，这两个变量的参数估计为负值也与预期相符。农户个体社会资本存量反映了农户微观层面社会资本（加入合作社之前的社会资本），现有研究已经证明这种类型的社会资本能促进健康水平（薛新东等，2012；周广肃等，2014；孙博文等，2016；许兴龙等，2017），模型1中该变量的参数估计为负值，与现有研究结果保持一致。

模型2的估计结果显示，合作社内部潜在社会资本存量对农户健康维度贫困程度存在显著的负向影响，换句话说，合作社内部潜在社会资本存量对降低农户健康维度受剥夺程度具有正向影响，即理论假设H1a成立。模型3结果显示，合作社外部社会资本存量对农户健康维度贫困程度也存在显著负向影响，即理论假设H1b成立。这两个模型的估计结果证明，农户加入合作社后，合作社内部其他成员所拥有的网络资源，以及合作组织与外部机构之间形成的社会关系，都能够或多或少地促进社员农户健康水平提升，降低社员农户健康维度贫困程度。

模型4结果显示，合作社内部网络环境及其与合作社内部潜在社会资本存量的交互项对健康维度贫困程度均具有显著负向影响，社员对合作社社会资本动用能力及其与合作社内部潜在社会资本存量的交互项对健康贫困程度也均存在显著负向影响，且与模型2相比，模型4的拟合程度明显更高。上述结果表明理论假设H6a成立，且H7a中的部分内容（社员对合作社社会资本的动用能力在合作社内部潜在社会资本存量影响农户健康维度贫困程度过程中起到正向调节作用）也已通过检验。正如本研究理论部分所述，合作社潜在社会资本存量是指所有社员个体社会资本的总和，合作社内部网络环境越好，社员将个体社会资本贡献出来在合作社内部共享的程度就越高，合作社内部的实际社会资本存量水平也就越高。而对于不同社员而言，动用合作社社会资本的能力存在差异，能力越高者，可动用的合作社内部社会资本越多，对降低健康维度贫困程度的作用就越大。

模型5结果显示，社员对合作社社会资本动用能力及其与合作社外部社会资本存量的交互项对健康维度贫困程度均存在显著负向影响，且模型5的拟合程度明显高于模型3，这表明社员对合作社社会资本的动用能力在合作社外部社会资本存量影响农户健康贫困程度过程中起到正向调节作用，结合模型4的部分结论：社员对合作社社会资本的动用能力在合作社内部潜在社会资本存量影响农户健康维度贫困程度过程中起到正向调节作用，表明理论假设H7a成立。

第二节　合作社社会资本对教育维度贫困的影响

根据第五章的论述，合作社社会资本对教育维度贫困的影响机制可用图7－2来表示。

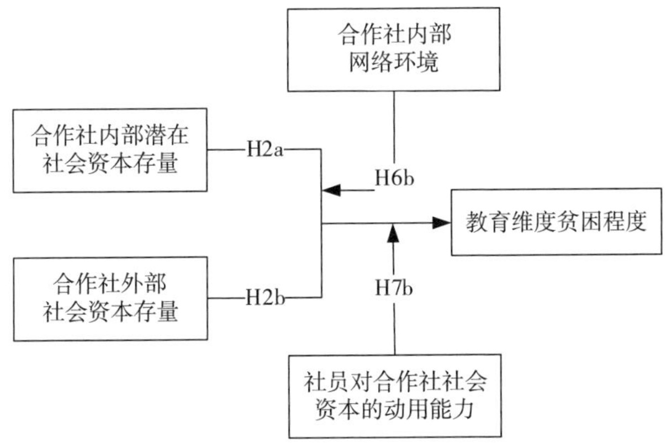

图7－2　合作社社会资本对教育维度贫困的影响机制

在图7－2中，H2a、H2b、H6b和H7b四个理论假设的具体内容如下：

H2a：合作社内部潜在社会资本存量对降低农户教育贫困程度具有正向影响。

H2b：合作社外部社会资本存量对降低农户教育贫困程度具有正向影响。

H6b：合作社内部网络环境在合作社内部潜在社会资本存量影响农户教育贫困程度过程中起到正向调节作用。

H7b：社员对合作社社会资本动用能力在合作社社会资本存量影响农户教育贫困程度过程中起到正向调节作用。

本节将对这四个理论假设进行经验检验。

一、变量说明与模型构建

1. 因变量：本节中因变量为农户教育维度贫困程度，有关该变量的描述性统计可见表6－10。

2. 自变量：本节中的核心自变量与第一节相同，包括合作社内部潜在社会资本存量综合得分、合作社外部社会资本存量综合得分、合作社内部网络环境综合得分和社员对合作社社会资本动用能力综合得分。

3. 控制变量：本节中的控制变量包括农户个体社会资本存量综合得分、家中18～60岁成人人数、家中18～60岁女性成人人数、家中18～60岁成人平均年龄、家中3～18岁未成年人人数、家中3～18岁女孩人数、家庭所在省份。

4. 模型构建：本节中基准回归方程与第一节相同。

二、估计结果

基于上述变量选取和模型设定，本节采用多元层次回归分析，将自变量、调节变量和交互项分别引入回归模型，进行显著性检验，结果见

表7-2。其中，模型1考察了控制变量对农户教育维度贫困程度的影响，模型2和模型3分别考察了合作社内部潜在社会资本存量和外部社会资本存量对农户教育维度贫困程度的影响，模型4检验了合作社内部潜在社会资本存量影响教育维度贫困程度过程中合作社内部网络环境和社员对合作社社会资本动用能力两个变量的调节作用，模型5检验了合作社外部社会资本存量影响教育维度贫困程度过程中社员对合作社社会资本动用能力的调节作用。

表7-2　　合作社社会资本影响教育维度贫困程度的回归结果

变量	模型1	模型2	模型3	模型4	模型5
农户个体中心网社会资本存量	-0.011*	-0.008*	-0.010*	-0.005**	-0.007*
家中18~60岁成年人数	0.087**	0.105**	0.093**	0.112**	0.098**
家中18~60岁成年女性人数	0.098***	0.138***	0.114**	0.141***	0.121**
家中18~60岁成年人平均年龄	0.005**	0.003**	0.004*	0.006**	0.005*
家中3~18岁未成年人人数	0.005*	0.009*	0.006*	0.001*	0.008*
家中3~18岁女孩人数	0.003	0.005	0.004	0.011*	0.005
家庭所在省份（甘肃=0，湖北=1）	-0.048**	-0.063**	-0.054**	-0.075***	-0.058**
合作社内部潜在社会资本存量		-0.074**		-0.036**	
合作社外部社会资本存量			-0.039		-0.025
合作社内部网络环境				-0.032*	
社员对合作社社会资本动用能力				-0.059***	-0.043***
合作社内部潜在社会资本存量×合作社内部网络环境				-0.026*	
合作社内部潜在社会资本存量×农户对合作社社会资本动用能力				-0.021**	
合作社外部社会资本存量×农户对合作社社会资本动用能力					-0.019
常数项	-0.148**	-0.097**	-0.087*	-0.191**	-0.116**
样本数	851				
调整后的R^2	0.251	0.314	0.332	0.542	0.367
F值	12.952***	23.348***	20.156***	46.949***	34.302***

注：***、**和*分别表示在1%、5%和10%的统计水平上显著。

由表 7－2 中模型 1 的估计结果可知，在农户个体社会资本存量、家中 18～60 岁成年人数、家中 18～60 岁女性成年人数、家中 18～60 岁成年人平均年龄、家中 3～18 岁未成年人人数、家中 3～18 岁女孩人数、家庭所在省份 7 个控制变量中，除家中 3～18 岁女孩人数之外，所有控制变量对农户教育贫困程度均存在显著影响，各变量参数估计情况与理论预期均保持一致。根据本研究建立的多维贫困指标体系，教育维度的 3 项指标包括教育年限（任意 18～60 岁家庭成员受教育年限小于 5 年则判定家庭在该指标上受剥夺）、适龄入学（任意小学至高中阶段适龄儿童未上学则判定家庭在该指标上受剥夺）和学前教育（任意 3～6 岁儿童未接受学前教育则判定家庭在该指标上受剥夺），考虑到中国农村重男轻女的传统思想，本研究预期家庭各年龄段人口数越多，尤其是女性成员越多，教育维度 3 个衡量指标被判定为受剥夺的可能性就越大，农户教育维度贫困程度可能就越高。因此，预测这些有关不同类型家庭成员数的变量参数估计应为正值，实际估计结果也证实了这一点。湖北省与甘肃省相比，在教育资源和收入水平两方面对家庭教育获得都更有利，因此，家庭所在省份哑变量的参数估计为负值也与预期相符。农户个体社会资本存量反映了农户个体层面社会资本，现有研究已经证明这种类型的社会资本能促进教育获得（赵延东等，2012），模型 1 中该变量的参数估计为负值，与现有研究结果保持一致。

模型 2 的估计结果显示，合作社内部潜在社会资本存量对农户教育维度贫困程度存在显著的负向影响，换句话说，合作社内部潜在社会资本存量对降低农户教育维度贫困程度具有正向影响，即理论假设 H2a 成立。模型 3 结果显示，合作社外部社会资本存量对农户教育维度贫困程度影响不显著，即理论假设 H2b 不成立。这两个模型的估计结果表明，合作社内部社员之间的沟通和交流有利于减轻农户教育维度贫困程度，但合作社外部社会关系对减轻农户教育维度贫困的作用并不明显。这也不难理解，已有理论和经验研究证明，合作社外部社会关系对家庭中子女就读学校等级，以及高等教育年限有促进作用，但是本研究用来衡量农户教育水平的标准却主要是针对贫困群体的。

模型 4 结果显示，合作社内部网络环境及其与合作社内部潜在社会资本存量的交互项对教育维度贫困程度均具有显著负向影响，社员对合作社社会资本动用能力及其与合作社内部潜在社会资本存量的交互项对教育维度贫困程度也均存在显著负向影响，且与模型 2 相比，模型 4 的拟合程度明显更高。上述结果表明理论假设 H6b 成立，且 H7b 中的部分内容（社员对合作社社会资本动用能力在合作社内部潜在社会资本存量影响教育维度贫困程度过程中起到正向调节作用）也已通过检验。

模型 5 结果显示，社员对合作社社会资本动用能力对教育维度贫困程度存在显著负向影响，但是社员对合作社社会资本动用能力与合作社外部社会资本存量的交互项对教育维度贫困程度的影响却不显著。因此，“社员对合作社社会资本动用能力在合作社外部社会资本存量影响教育维度贫困程度过程中起到正向调节作用”的理论假设并不成立。结合模型 4 得出的结论（社员对合作社社会资本动用能力在合作社内部潜在社会资本存量影响教育维度贫困程度过程中起到正向调节作用），理论假设 H7b 仅有部分成立。

第三节　合作社社会资本对生活水平维度贫困的影响

根据第五章的论述，合作社社会资本对生活水平维度贫困的影响机制可用图 7 – 3 来表示。

在图 7 – 3 中，H3a、H3b、H6c 和 H7c 四个理论假设的具体内容如下：

H3a：合作社内部潜在社会资本存量对降低农户生活水平维度贫困程度具有正向影响。

H3b：合作社外部社会资本存量对降低农户生活水平维度贫困程度

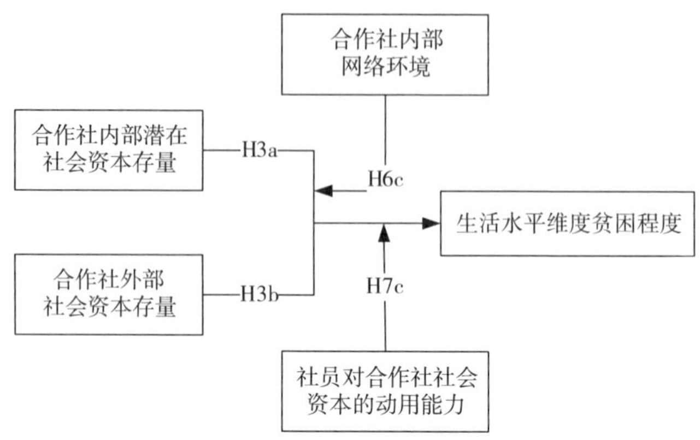

图7－3　合作社社会资本对生活水平维度贫困的影响机制

具有正向影响。

H6c：合作社内部网络环境在合作社内部潜在社会资本存量影响农户生活水平维度贫困程度过程中起到正向调节作用。

H7c：社员对合作社社会资本动用能力在合作社社会资本存量影响农户生活水平维度贫困程度过程中起到正向调节作用。

一、变量说明与模型构建

1. 因变量：本节中因变量为农户生活水平维度贫困程度，有关该变量的描述性统计可见表6－10。

2. 自变量：本节中的核心自变量包括合作社内部潜在社会资本存量综合得分、合作社外部社会资本存量综合得分、合作社内部网络环境综合得分和社员对合作社社会资本动用能力综合得分。

3. 控制变量：农户个体社会资本存量综合得分、家庭成员数、户主性别、户主年龄、户主受教育年限。

4. 模型构建：本节中基准回归方程与第一节相同。

二、估计结果

基于上述变量选取和模型设定，本节采用多元层次回归分析，将自变量、调节变量和交互项分别代入回归模型，进行显著性检验，结果如表7-3所示。其中，模型1考察了控制变量对农户生活水平维度贫困程度的影响，模型2和模型3分别考察了合作社内部潜在社会资本存量和外部社会资本存量对农户生活水平维度贫困程度的影响，模型4检验了合作社内部潜在社会资本存量影响农户生活水平维度贫困程度过程中合作社内部网络环境和社员对合作社社会资本动用能力两个变量的调节作用，模型5检验了合作社外部社会资本存量影响农户生活水平维度贫困程度过程中社员对合作社社会资本动用能力的调节作用。

由表7-3中模型1的估计结果可知，农户个体社会资本存量和其他控制变量均对农户生活水平维度贫困程度存在显著影响，各变量参数估计情况与理论预期保持一致。在本研究建立的多维贫困指标体系中，生活水平维度的6项指标包括做饭燃料、卫生设施、清洁饮水、电力供应、房屋材料和耐用品。对于这些在家庭成员间可以共享的商品和服务，具有消费规模经济效应，家庭成员数越多，保持一定生活水平所需的人均支出越低，因此预测家庭成员数的参数估计为负值。在中国农村，如盖房子、修厕所等事情，一般都是自己动手或请同村人帮忙，男性户主在这些方面具有一定优势。因此，我们预测户主性别变量（女=1，男=0）的参数估计应为正值。自改革开放以来，我国居民生活水平提升速度很快，不同年代出生的人，从小的成长环境和长大后的见识都有明显差异，生活水平一代比一代好，眼界一代比一代高。因此，预期户主越年轻对生活水平的要求会越高，在生活水平维度贫困的程度趋于越低，户主年龄变量的参数估计应为负数。教育能够使人们更加重视清洁的饮水、燃料和卫生设施对身体健康的重要性，同样能够增强消费信心，这都会对减轻生活水平维度贫困程度起到正向影响，因此预期户主教育年限变量的参数估计也为负值。

表 7－3　　合作社社会资本影响生活水平贫困程度的回归结果

变量	模型 1	模型 2	模型 3	模型 4	模型 5
农户个体中心网社会资本存量	−0.039**	−0.025**	−0.036***	−0.016**	−0.021**
家庭成员数	−0.008*	−0.005*	−0.007*	0.001	−0.006*
户主性别（女 =1，男 =0）	0.022*	0.015	0.025*	−0.005	0.018
户主年龄	0.004**	0.005**	0.004*	0.007**	0.006*
户主受教育年限	−0.007***	−0.005**	−0.006*	−0.003**	−0.006*
家庭所在省份（甘肃 =0，湖北 =1，）	−0.012**	−0.008*	−0.015*	−0.005*	−0.014*
合作社内部潜在社会资本存量		−0.036*		−0.023*	
合作社外部社会资本存量			−0.025		0.005
合作社内部网络环境				−0.005*	
社员对合作社社会资本动用能力				−0.015***	−0.032**
合作社内部潜在社会资本存量 × 合作社内部网络环境				−0.025*	
合作社内部潜在社会资本存量 × 农户对合作社社会资本动用能力				−0.016**	
合作社外部社会资本存量 × 农户对合作社社会资本动用能力					−0.033
常数项	0.243**	0.203**	0.224**	0.122**	0.16719**
样本数	851				
调整后的 R^2	0.191	0.233	0.268	0.434	0.358
F 值	13.452***	35.748***	32.148***	85.615***	69.134***

注：***、** 和 * 分别表示在 1%、5% 和 10% 的统计水平上显著。

模型 2 的估计结果显示，合作社内部潜在社会资本存量对农户生活水平维度贫困程度存在显著的负向影响，换句话说，合作社内部潜在社会资本存量对降低农户生活水平维度贫困程度具有正向影响，即理论假设 H3a 成立。模型 3 结果显示，合作社外部社会资本存量对农户生活水平维度贫困程度影响不显著，即理论假设 H3b 不成立。这两个模型的估计结果表明，合作社内部社员之间的社会支持和示范效应有利于减轻农户生活水平维度贫困程度，但合作社外部社会关系对降低农户生活水平维度贫困程度的作用并不明显。

模型 4 结果显示，合作社内部网络环境及其与合作社内部潜在社会资本存量的交互项对农户生活水平维度贫困程度均具有显著负向影响，且社员对合作社社会资本动用能力及其与合作社内部潜在社会资本存量的交互项对农户生活水平维度贫困程度也存在显著负向影响，且与模型 2 相比，模型 4 的拟合程度明显提高。上述结果表明理论假设 H6c 成立，且 H7c 中的部分内容（即社员对合作社社会资本动用能力在合作社内部潜在社会资本存量影响生活水平维度贫困程度过程中起到正向调节作用）也成立。

模型 5 结果显示，社员对合作社社会资本动用能力对农户生活水平维度贫困程度存在显著负向影响，但是社员对合作社社会资本动用能力与合作社外部社会资本存量的交互项对农户生活水平贫困程度的影响却不显著，因此，“社员对合作社社会资本动用能力在合作社外部社会资本存量影响农户生活水平贫困程度过程中起到正向调节作用”的理论假设并不成立。结合模型 4 得出的结论，理论假设 H7c 仅有部分成立。

第四节　合作社社会资本对多维贫困的影响

根据第五章的论述，合作社社会资本对农户多维贫困概率和多维贫困程度的影响机制可用图 7－4 来表示。

在图 7－4 中，H4a、H4b、H4c、H4d、H6d、H6e、H7d 和 H7e 八个理论假设的具体内容如下：

H4a：合作社内部潜在社会资本存量对降低农户多维贫困概率具有

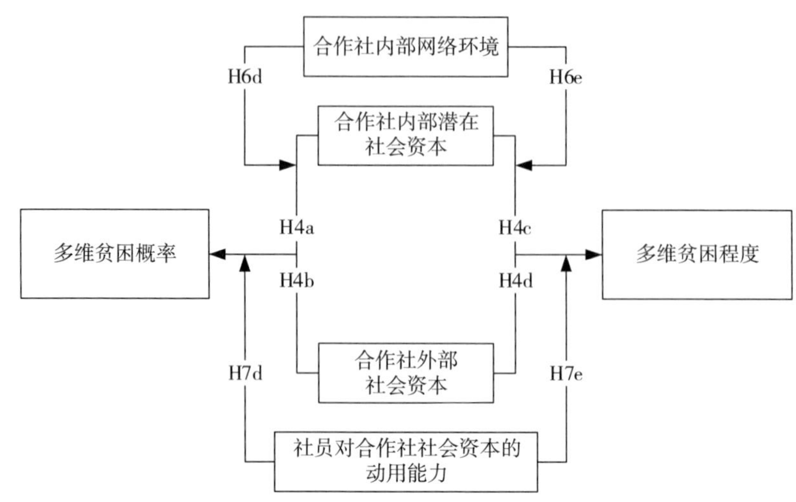

图 7-4　合作社社会资本对多维贫困的影响机制

正向影响。

H4b：合作社外部社会资本存量对降低农户多维贫困概率具有正向影响。

H4c：合作社内部潜在社会资本存量对降低农户多维贫困程度具有正向影响。

H4d：合作社外部社会资本存量对降低农户多维贫困程度具有正向影响。

H6d：合作社内部网络环境在合作社内部潜在社会资本存量影响农户多维贫困概率过程中起到正向调节作用。

H6e：合作社内部网络环境在合作社内部潜在社会资本存量影响农户多维贫困程度过程中起到正向调节作用。

H7d：社员对合作社社会资本动用能力在合作社社会资本存量影响农户多维贫困概率过程中起到正向调节作用。

H7e：社员对合作社社会资本动用能力在合作社社会资本存量影响农户多维贫困程度过程中起到正向调节作用。

一、变量说明与模型构建

1. 因变量：本节中因变量有两个，一是农户多维贫困概率哑变量，被识别为多维贫困的农户取值为1，被识别为非多维贫困的农户取值为0；二是农户多维贫困程度，有关这两个变量的描述性统计可见表6-9和表6-10。

2. 自变量：本节中的核心自变量包括合作社内部潜在社会资本存量综合得分、合作社外部社会资本存量综合得分、合作社内部网络环境综合得分和社员对合作社社会资本动用能力综合得分。

3. 控制变量：农户个体社会资本存量综合得分、家庭成员数、户主性别、户主年龄（史通恒等，2019）和家庭所在省份。

4. 模型构建：当农户多维贫困概率作为因变量时，采用Probit模型进行回归。当农户多维贫困程度作为因变量时，基准回归方程与本章前三节相同。

二、估计结果

基于上述变量选取和模型设定，我们同样采取多元层次回归分析，将自变量、调节变量和交互项分别引入到回归模型中，进行显著性检验。

农户多维贫困概率的回归结果如表7-4所示，其中，模型1和模型2分别考察了合作社内部潜在社会资本存量和外部社会资本存量对农户多维贫困概率的影响，模型3检验了合作社内部潜在社会资本存量影响农户多维贫困概率过程中合作社内部网络环境和社员对合作社社会资本动用能力两个变量的调节作用，模型4检验了合作社外部社会资本存量影响农户多维贫困概率过程中社员对合作社社会资本动用能力的调节作用。

表7-4 合作社社会资本影响农户多维贫困概率的回归结果

变量	模型1	模型2	模型3	模型4
农户个体中心网社会资本存量	-0.125*** (0.038)	-0.114*** (0.037)	-0.112*** (0.037)	-0.103*** (0.034)
家庭成员数	0.052** (0.024)	0.048** (0.024)	0.055** (0.026)	0.049** (0.023)
户主性别（女=1，男=0）	0.215** (0.099)	0.202** (0.095)	0.237** (0.115)	0.218** (0.106)
户主年龄	0.012** (0.006)	0.011** (0.006)	0.013** (0.006)	0.012** (0.006)
家庭所在省份（湖北=1，甘肃=0）	-0.028*** (0.009)	-0.025*** (0.007)	-0.021*** (0.006)	-0.023*** (0.006)
合作社内部潜在社会资本存量	-0.044*** (0.014)	—	-0.026*** (0.007)	—
合作社外部社会资本存量	—	-0.028*** (0.008)	—	-0.014*** (0.004)
合作社内部网络环境	—	—	-0.048** (0.023)	—
社员对合作社社会资本动用能力	—	—	-0.039** (0.019)	-0.028*** (0.008)
合作社内部潜在社会资本存量×合作社内部网络环境	—	—	-0.013** (0.006)	—
合作社内部潜在社会资本存量×农户对合作社社会资本动用能力	—	—	-0.024** (0.011)	—
合作社外部社会资本存量×农户对合作社社会资本动用能力	—	—	—	-0.012*** (0.004)
常数项	-0.349 (0.421)	-0.315 (0.354)	0.639 (0.891)	0.458 (0.521)
样本数	851			
对数似然值	-398.631	-423.718	-375.310	-408.659
Wald卡方检验值	25.630***	28.930***	86.530***	54.260***

注：***、**和*分别表示在1%、5%和10%的统计水平上显著。

表7－4中4个模型的Wald卡方检验值均通过了1%显著性检验，说明模型设定适用于本研究实证分析。模型1的结果显示，在1%统计水平上合作社内部潜在社会资本存量对农户多维贫困概率存在显著负向影响，即参与合作社内部潜在社会资本存量越大，农户陷入多维贫困概率越小，理论假设H4a成立。同理，模型2中合作社外部社会资本存量的参数估计值为负，且在1%统计水平显著，说明合作社外部社会资本存量对降低农户多维贫困概率也存在显著正向影响，理论假设H4b成立。模型3在模型1的基础上又引入了合作社内部网络环境、社员对合作社社会资本动用能力以及这两个变量与合作社内部潜在社会资本的交互项，回归结果显示新引入的四项变量的参数估计均为负值，且至少在5%统计水平上显著，这与我们的理论预期完全一致，说明在合作社内部潜在社会资本存量影响农户多维贫困概率的过程中，合作社内部网络环境和社员对合作社社会资本动用能力发挥了正向调节作用，即理论假设H6d成立，且H7d也得到部分证实。模型4在模型2的基础上引入社员对合作社社会资本动用能力以及该变量与合作社外部社会资本存量的交互项，回归结果显示，新引入的变量的参数估计均为负值，且在1%统计水平上显著，说明社员对合作社社会资本动用能力越强，能够动用的合作社外部社会资本存量越大，对农户多维贫困概率的影响也越大，因此，理论假设H7d中另一部分也得到了证实，该理论假设成立。

农户多维贫困程度的回归结果如表7－5所示。其中，模型1考察了控制变量对农户多维贫困程度的影响，模型2和模型3分别考察了合作社内部潜在社会资本存量和外部社会资本存量对农户多维贫困程度的影响，模型4检验了合作社内部潜在社会资本存量影响农户多维贫困程度过程中合作社内部网络环境和社员对合作社社会资本动用能力两个变量的调节作用，模型5检验了合作社外部社会资本存量影响农户多维贫困程度过程中社员对合作社社会资本动用能力的调节作用。

由表7－5中模型1的估计结果可知，农户个体社会资本存量和其他控制变量均对农户多维贫困程度存在显著影响，各变量参数估计与理论预期保持一致。模型 2 的估计结果显示，合作社内部潜在社会资本存量对农户多维贫困程度存在显著的负向影响，换句话说，合作社内部潜在社会资本存量对降低多维贫困程度具有正向影响，即理论假设 H4c 成立。模型 3 结果显示，合作社外部社会资本存量对农户多维贫困程度也存在显著负向影响，即理论假设 H4d 成立。这两个模型的估计结果证明，一旦农户加入合作社，合作社内部其他成员所拥有的个体社会资本，以及合作组织与外部机构之间形成的社会关系，都能够或多或少地降低社员农户多维贫困程度。

表 7－5　　合作社社会资本影响农户多维贫困程度的回归结果

变量	模型 1	模型 2	模型 3	模型 4	模型 5
农户个体中心网社会资本存量	－0. 043 ***	－0. 039 ***	－0. 036 ***	－0. 030 ***	－0. 032 ***
家庭成员数	0. 045 ***	0. 052 ***	0. 051 ***	0. 068 **	0. 062 **
户主性别（女＝1，男＝0）	0. 007 *	0. 008 *	0. 009 *	0. 012	0. 011
户主年龄	0. 003 **	0. 003 **	0. 003 **	0. 005 *	0. 004 *
家庭所在省份（甘肃＝0，湖北＝1）	－0. 038 ***	－0. 034 ***	－0. 035 ***	－0. 029 ***	－0. 031 ***
合作社内部潜在社会资本存量	—	－0. 065 ** （0. 031）	—	－0. 029 **	—
合作社外部社会资本存量	—	—	－0. 028 ** （0. 013）	—	－0. 014 **
合作社内部网络环境	—	—	—	－0. 030 **	—
社员对合作社社会资本动用能力	—	—	—	－0. 036 ***	－0. 035 ***
合作社内部潜在社会资本存量 × 合作社内部网络环境	—	—	—	－0. 033 **	—
合作社内部潜在社会资本存量 × 农户对合作社社会资本动用能力	—	—	—	－0. 020 **	—
合作社外部社会资本存量 × 农户对合作社社会资本动用能力	—	—	—	—	－0. 016 *
常数项	0. 047 ***	0. 060 **	0. 068 **	0. 023 **	0. 031 **

续表

变量	模型 1	模型 2	模型 3	模型 4	模型 5
样本数	851				
调整后的 R^2	0.217	0.263	0.275	0.483	0.352
F 值	12.452***	13.748***	15.148***	45.615***	29.134**

注：***、**和*分别表示在1%、5%和10%的统计水平上显著。

模型4结果显示，合作社内部网络环境及其与合作社内部潜在社会资本存量的交互项对农户多维贫困程度均具有显著负向影响，且社员对合作社社会资本动用能力及其与合作社内部潜在社会资本存量的交互项对农户多维贫困程度也存在显著负向影响，且与模型2相比，模型4的拟合程度明显提高。上述结果表明理论假设H6e成立，且H7e中的部分内容（社员对合作社社会资本动用能力在合作社内部潜在社会资本存量影响农户多维贫困程度过程中起到正向调节作用）成立。

模型5结果显示，社员对合作社社会资本动用能力及其与合作社外部社会资本存量的交互项对农户多维贫困程度存在显著负向影响，因此，"社员对合作社社会资本动用能力在合作社外部社会资本存量影响农户多维贫困程度过程中起到正向调节作用"的理论假设成立。结合模型4得出的结论，理论假设H7e成立。

第五节　合作社社会资本多维减贫过程中收入的中介效应

根据第五章的论述，合作社内部潜在社会资本和外部社会资本可以通过收入影响多维贫困概率和多维贫困程度，即收入在合作社社会资本多维减贫过程中发挥中介效应。

如图7-5所示，本节对第五章提出的H5a、H5b、H5c和H5d四个理论假设进行经验检验，这四个理论假设的具体内容如下：

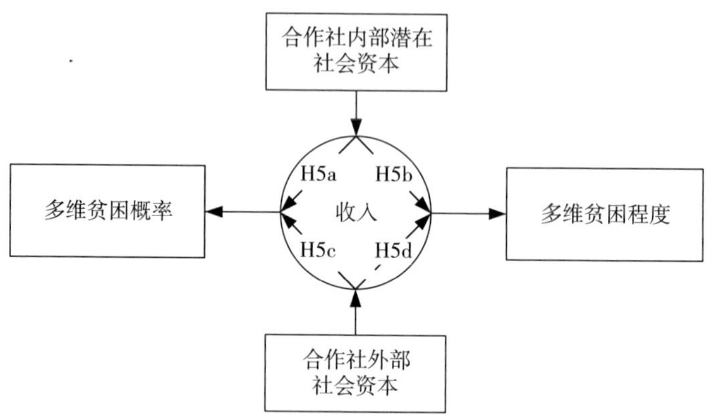

图7-5 合作社社会资本通过收入影响多维贫困的机制

H5a：收入在合作社内部潜在社会资本存量与农户多维贫困概率之间起中介作用。

H5b：收入在合作社内部潜在社会资本存量与农户多维贫困程度之间起中介作用。

H5c：收入在合作社外部社会资本存量与农户多维贫困概率之间起中介作用。

H5d：收入在合作社外部社会资本存量与农户多维贫困程度之间起中介作用。

一、变量说明与模型构建

1. 因变量：本节中因变量有两个，一是农户多维贫困概率哑变量，被识别为多维贫困的农户取值为1，被识别为非多维贫困的农户取值为0；二是农户多维维度贫困程度，有关这两个变量的描述性统计可见表6-9和表6-10。

2. 自变量：本节中的核心自变量包括合作社内部潜在社会资本存量综合得分、合作社外部社会资本存量综合得分、合作社内部网络环境综合得分和社员对合作社社会资本动用能力综合得分。

3. 中介变量：本节中将农户人均收入的对数项作为中介变量。

4. 控制变量：农户个体社会资本存量综合得分、家庭成员数、户主性别、户主年龄（史通恒等，2019）和家庭所在省份。

5. 模型构建：遵循温忠麟等（2004，2014）和严奉宪等（2017）的方法，本文采用如下中介效应检验程序。向量形式的基本方程见式（7.2）、式（7.3）和式（7.4）：

$$Y = \alpha_0 + \alpha_1 C + \gamma X + \mu_1 \tag{7.2}$$

$$M = \beta_0 + \beta_1 C + \gamma X + \mu_2 \tag{7.3}$$

$$Y = \delta_0 + \delta_1 C + \delta_2 M + \gamma X + \mu_3 \tag{7.4}$$

其中，Y 代表因变量，C 代表核心自变量，M 代表中介变量，X 代表控制变量，α_0、α_1、β_0、β_1、δ_0、δ_1、δ_2 和 γ 都是待估计系数，μ_1、μ_2 和 μ_3 为残差项。

第一步，先按照式（7.2）进行因变量对自变量的基础回归，然后检验系数 α_1 的显著性，如果 α_1 是显著的，则进行第二步，否则停止中介效应分析。

第二步，当 α_1 显著时，进行第二阶段的回归，即中介变量对核心自变量的回归分析，如式（7.3）所示，然后检验核心自变量系数 β_1 的显著性，如果 β_1 显著，则表明核心自变量确实影响中介变量，此时进行第三步的检验；如果 β_1 不显著，则需要进行 Sobel 检验。

第三步，将中介变量纳入方程，用因变量同时对核心自变量和中介变量进行回归，如式（7.4）所示。此时检验系数 δ_1 与 δ_2 的显著性，如果二者均显著，表明核心自变量对因变量的影响效应有一部分是通过中介变量实现的，即部分中介效应；如果 δ_2 是显著的，但 δ_1 变得不显著，就表明核心自变量对因变量的影响全部是通过中介变量实现的，即完全中介效应。

二、估计结果

根据上述变量设置和中介效应检验程序，本节对合作社社会资本多维减贫过程中收入的中介效应进行了检验，结果如表7－6、表7－7、表7－8和表7－9所示。

表7－6和表7－7中模型1是相同的，用来检验自变量（合作社内部潜在社会资本存量）对中介变量（收入）的影响，结果显示，合作社内部潜在社会资本存量对农户收入存在显著正向影响，在1%的统计水平下显著，系数为0.148。表7－6中模型2，用来检验自变量（合作社内部潜在社会资本存量）对因变量（农户多维贫困概率）的影响，结果显示，合作社内部潜在社会资本存量对农户多维贫困概率存在负向影响，即合作社内部潜在社会资本存量越高的家庭陷入多维贫困的概率越低。表7－6中模型3的结果进一步表明，自变量（合作社内部潜在社会资本存量）和中介变量（收入）对因变量（农户多维贫困概率）在1%统计水平上均存在显著影响，且自变量的影响系数的绝对值从0.044（模型2）下降至0.040（模型3），Pseudo R^2从模型2的0.139上升为模型3中的0.153，说明合作社内部潜在社会资本存量对农户多维贫困概率的影响中有一部分是通过收入作为中介变量而实现的，即理论假设H5a成立。

表7－6　合作社内部潜在社会资本影响农户多维贫困概率过程中收入的中介效应

变量	收入	多维贫困概率	
	模型1	模型2	模型3
合作社内部潜在社会资本存量	0.148*** (0.027)	-0.044*** (0.014)	-0.040*** (0.009)
收入	—	—	-0.002*** (0.000)
其他控制变量	控制	控制	控制
样本数	851		
Pseudo R^2	0.085	0.139	0.153

注：***、**和*分别表示在1%、5%和10%的统计水平上显著。

表7－7 合作社内部潜在社会资本影响农户多维贫困程度过程中收入的中介效应

变量	收入	多维贫困程度	
	模型1	模型2	模型3
合作社内部潜在社会资本存量	0.148*** (0.027)	－0.065** (0.031)	－0.058** (0.028)
收入	—	—	－0.003*** (0.001)
其他控制变量	控制	控制	控制
样本数	851		
Pseudo R^2	0.085	0.263	0.281

注：***、**和*分别表示在1%、5%和10%的统计水平上显著。

表7－7中模型2，用来检验自变量（合作社内部潜在社会资本存量）对因变量（农户多维贫困程度）的影响，结果显示，合作社内部潜在社会资本存量对农户多维贫困程度存在负向影响，即合作社内部潜在社会资本存量越高的家庭多维贫困程度越低。表7－7中模型3的结果进一步表明，自变量（合作社内部潜在社会资本存量）和中介变量（收入）对因变量（农户多维贫困程度）在5%统计水平上均存在显著影响，且自变量的影响系数的绝对值从0.065（模型2）下降至0.058（模型3），Pseudo R^2从模型2的0.263上升为模型3的0.281，说明合作社内部潜在社会资本存量对农户多维贫困程度的影响中有一部分是通过收入作为中介变量来实现的，即理论假设H5b成立。

表7－8和表7－9中模型1是相同的，用来检验自变量（合作社外部社会资本存量）对中介变量（收入）的影响，结果显示，合作社外部社会资本存量对农户收入存在显著正向影响，在1%的统计水平下显著，系数为0.163。表7－8中模型2，用来检验自变量（合作社外部社会资本存量）对因变量（农户多维贫困概率）的影响，结果显示，合作社外部社会资本存量对农户多维贫困概率存在负向影响，即合作社外

部社会资本存量越高的家庭陷入多维贫困的概率越低。表 7 - 8 中模型 3 的结果进一步表明，自变量（合作社外部社会资本存量）和中介变量（收入）对因变量（农户多维贫困概率）在 5% 统计水平上均存在显著影响，且自变量的影响系数的绝对值从 0.028（模型 2）下降至 0.023（模型 3），Pseudo R^2 从模型 2 的 0.112 上升为模型 3 的 0.124，说明合作社外部社会资本存量对农户多维贫困概率的影响中有一部分是通过收入作为中介变量而实现的，即理论假设 H5c 成立。

表 7 - 8　合作社外部社会资本影响农户多维贫困概率过程中收入的中介效应

变量	收入	多维贫困概率	
	模型 1	模型 2	模型 3
合作社外部社会资本存量	0.163*** (0.031)	-0.028*** (0.008)	-0.023** (0.012)
收入	—	—	-0.003*** (0.001)
其他控制变量	控制	控制	控制
样本数	851		
Pseudo R^2	0.091	0.112	0.124

注：***、** 和 * 分别表示在 1%、5% 和 10% 的统计水平上显著。

表 7 - 9 中模型 2，用来检验自变量（合作社外部社会资本存量）对因变量（农户多维贫困程度）的影响，结果显示，合作社外部社会资本存量对农户多维贫困程度存在负向影响，即合作社外部社会资本存量越高的家庭多维贫困程度越低。表 7 - 9 中模型 3 的结果进一步表明，自变量（合作社外部社会资本存量）和中介变量（收入）对因变量（农户多维贫困程度）在 5% 统计水平上均存在显著影响，且自变量的影响系数的绝对值从 0.028（模型 2）下降至 0.022（模型 3），Pseudo R^2 从模型 2 的 0.275 上升为模型 3 的 0.298，说明合作社外部社会资本存量对农户多维贫困程度的影响中有一部分是通过收入作为中介变量来实现的，即理论假设 H5d 成立。

表7－9　合作社外部社会资本影响农户多维贫困程度过程中收入的中介效应

变量	收入	多维贫困程度	
	模型1	模型2	模型3
合作社外部社会资本存量	0.163*** (0.031)	－0.028** (0.013)	－0.022** (0.010)
收入	—	—	－0.005*** (0.001)
其他控制变量	控制	控制	控制
样本数	851		
Pseudo R^2	0.091	0.275	0.298

注：***、**和*分别表示在1%、5%和10%的统计水平上显著。

第六节　本章小结

针对本书第五章提出的有关合作社社会资本多维减贫机制的众多理论假设，本章利用2019年在湖北和甘肃两省实地调研获得的数据进行了经验检验，得出如下主要结论。

第一，合作社内部潜在社会资本存量和外部社会资本存量对降低农户健康维度贫困程度均具有显著的正向影响；在合作社内部潜在社会资本存量影响农户健康维度贫困程度过程中，合作社内部网络环境以及社员对合作社社会资本动用能力均起到正向调节作用；在合作社外部社会资本存量影响农户健康维度贫困程度过程中，社员对合作社社会资本动用能力起到正向调节作用。

第二，合作社内部潜在社会资本存量对降低农户教育和生活水平维度贫困程度均具有显著的正向影响，但合作社外部社会资本存量对农户教育和生活水平维度贫困程度的影响均不显著；在合作社内部潜在社会资本存量影响农户教育和生活水平维度贫困程度过程中，合作社内部网络环境以及社员对合作社社会资本动用能力均起到正向调节作用；然而，在合作社外部社会资本存量影响农户教育和生活水平维度贫困程度过程中，社员对合作社社会资本动用能力的调节作用并不显著。

第三，合作社（内部潜在和外部）社会资本存量对降低农户多维贫困概率和多维贫困程度均具有显著正向影响；在合作社内部潜在社会资本存量影响农户多维贫困概率和多维贫困程度的过程中，合作社内部网络环境以及社员对合作社社会资本动用能力均发挥显著的正向调节作用；在合作社外部社会资本存量影响农户多维贫困概率和多维贫困程度的过程中，社员对合作社社会资本动用能力发挥了显著的正向调节作用。

第四，收入在合作社（内部潜在和外部）社会资本存量与农户多维贫困（概率和程度）之间发挥了部分中介作用，即合作社（内部潜在和外部）社会资本存量对农户多维贫困概率和多维贫困程度的影响效应中有一部分是通过收入为桥梁来实现的。

第八章　合作社多维减贫的国际经验与中国实践

本章首先总结合作社多维减贫的国际经验，然后对有关我国农民合作社发展和农民合作社助力脱贫攻坚的国家层面政策体系进行整理分析，最后根据本研究2017年在湖北省多地开展的合作社扶贫调查进行案例分析，以期为进一步调整完善我国合作社多维减贫政策体系提供支撑。

第一节　合作社多维减贫的国际经验

一、发达国家合作社的早期发展及其减贫成效

在发达国家，合作社是随着市场经济演变过程而产生和发展的。第一阶段大致是在英国19世纪上半叶（其他国家晚一些），工业和农业革命使人们更加依赖货币交易和雇佣劳动，使人们更易受到市场波动的影响。与工业化相伴随的城市化使人们更易遭遇疾病，以及过度拥挤和不卫生的居住环境。受到集约化生产和技术进步的影响，工人们面临前所未有的职业威胁。这些工人应对工资降低和不安全感增加的策略之一就是合作。于1826年开始的第一次公认的合作运动，并不是由极端贫困的穷人发起的，而是由新进的贫困群体（布莱顿的技术工人们）发起的，合作的目的是通过批量购买食物，以及利用合作商店销售其成员

生产的商品来降低生活成本。这一早期合作运动最终以失败告终，原因之一来自宏观经济衰退，而完全由贫困者组成合作社，缺乏必要的资源，才是此次尝试失败的主要原因（Birchall，1994a）。随后的第二次尝试则建立了一个可行的合作模式，即1844年成立的著名的罗奇代尔先锋社。罗奇代尔先锋社也是由一群逐渐沦为穷人的技术工人发起的，但这些工人变穷的原因不是因为缺乏技能或知识，而是由于市场压力，而且他们也不缺乏足够的社会资本。Birchall（1994b）是这样描述他们的：在新的工厂制度使他们陷入贫困之前，织布工一直是劳工中的贵族，一些先锋社成员上过学，所有人都在很大程度上接受过自我教育，几乎所有的先锋社员都是宪章派，或欧文派社会主义者，或神论者，或推动工厂改革者，其中还有特殊技能的工人。

第二阶段大致是在英国19世纪下半叶，农业与运输革命并行推进，加之世界范围内主要粮食产量的增长，导致食品价格相对于工资水平出现了下降趋势，以至于绝对贫困明显减少。医学和统计知识的快速增长，促使政府逐步推行基础公共医疗措施，出台城市环境管理规定。工会的发展确保了劳动报酬在增加值中占有更高比例。国家社会保障体系的发展，加之各类协会团体提供的“合作”保险，大大降低了人们的脆弱性。到19世纪末，合作社开始转为迎合“受人尊敬”的工人阶级和中下阶级。在丹麦、加拿大和美国，农业合作社使得所有小农户能够进入出口市场。在整个欧洲，雷菲森（Raiffeisen）型农村合作银行为农民提供了储蓄和借贷渠道，而按照舒尔茨·德利奇施（Schultze - Delitsch）设计的路线，城市大众银行（Urban Volksbanks）则向工匠和小商人提供信贷。在几乎所有欧洲国家，沿着罗奇代尔路线组织的消费者合作社已经开始整合为大型联合社，这些联合社为工人和中下阶层的消费者提供了良好的价格和红利。特别是，由于消费者合作社与工会运动相联系，使得人们能够获得更多高质量、高工资的就业机会。工人合作社尽管从数量上讲从来都不是强有力的合作社形式，但到19世纪末已经建立起来，尤其是在法国和意大利。其主要目的是为成员提供“体面的工作”。特别是意大利的“劳工合作社”实现了为数千名原本没有工作的劳工提供工作岗位的目标。在这一阶段，合作社已经不再是穷人的专利，富人同样开始采用合作模式。在德国，大农户开始在玉米碾磨和马铃薯蒸馏方面组织起大规模合作，使合作社逐步成为行业中的垄断者（Birchall，1997）。在日本，工人阶级的消费者合作运动受到一定程度的政策压制，但以中产阶级为主导的消费合作社发展却取得了更大成功。在英国，为了向会员返还高额股息而采取的高价收费政策实际上已经将穷人排除在合作社之外。妇女合作协会（The Cooperative Women's Guild）提出了“向穷人提供合作”的倡导，并于1902年在桑德兰开始了一项旨在提供低价而非红利的穷人合作试验，但该试验的持续时间并不长，因为它主要是基于慈善冲动，而这种冲动与合作社的自助精神不符。

综上所述，发达国家的合作社起源于人们试图通过合作摆脱贫困的朴实动机，随后逐步成为中低收入者持续积累经济优势的手段。发达国家合作社产生和发展的初期，合作社帮助人们摆脱了绝对贫困，并防止其返贫，取得了重大减贫成就。

二、发展中国家的合作社实践及其减贫成效

第一次世界大战后，合作社的形式已经很成熟，在发展中国家，合作社的发展开端良好。在20世纪初，殖民地附庸政府就建立了合作社注册部门，并引进了各种欧洲模式，包括德国的信贷银行、丹麦的农业合作社和英国的消费者合作社。在殖民地附庸政府统治下，合作社被视为前殖民社会传统经济与西方现代市场经济之间的中间形式。在殖民地附庸政府官员看来，合作社是一种经济组织而非政治组织，不会对殖民统治造成威胁。而在新兴的主权国家中，合作社则被视为可以替代资本主义的组织。合作社在新兴主权国家的经济规划中倍受关注，正如Laidlaw

（1978）所描述的那样，在20世纪50年代人们对合作社给予了近乎夸张的赞美并寄予厚望。在此期间，合作社也取得了一些显著成就。在可以为农民创造出口市场或大型本地城市市场的地区，农业合作社逐渐强大起来，如非洲的咖啡合作社、印度的乳制品合作社、阿根廷和巴西的牛肉生产合作社。而且，在一些案例中（如在印度的乳制品合作社）合作社发展对不同规模的农户都提供了帮助，包括贫穷的小农户。

Holmen（1990）对非洲合作社的研究指出，关于合作社有两种相互矛盾的政策导向，一种是认为应该从底层进行发展，通过干中学和互助学习，自力更生，另一种则认为应该由政府部门按照发展计划负责运作。1966年，国际劳工组织发布了《发展中国家合作社发展建议书（1966年第127号）》，要求政府在不影响合作社独立性的前提下扶持合作社发展。但是，此时发展中国家合作社"运动"已然主要掌握在各级政府官员手中。在非洲，合作社被作为促进经济作物生产和销售现代化（Holmén，1990；Hussi等，1993）、国家经济发展以及传统经济现代化的政策工具（Birchall，1997）。但这种合作社是被强加给当地居民的，而不是由当地居民自己创建的，严重偏离了合作社的基本原则。在很多地方，当地居民不理解合作社是什么，不知道如何由成员身份而受益，更有甚者，当地居民被强制性要求成为合作社成员，加入合作社成为获得某些服务或避免某些制裁的唯一途径（Birchall，2004；Hussi等，1993）。在殖民时代之后，大多数非洲国家政府继续通过信贷计划和市场营销计划来推广合作模式，特别是在经济作物方面。这一时期，各国政府开始对合作社进行严格控制和管理，从而扭曲了合作社作为成员控制组织的性质，并阻碍了成员的参与（Hussi等，1993；Pollet和Develtere，2004；Simmons和Birchall，2008；Birchall，1997）。政府往往会任命官员作为合作社的主要负责人，这自然导致了腐败。政府机构以信贷方式购买农民的作物，并按政府规定的低价支付。农业管理部门实质上接管了合作社提供的所有关键服务。政府对价格和市场的管制阻碍了合作社在商业和财务上的自主性（Hussi 等，1993）。从 20 世纪 60 年代初到 80 年代，研究人员认为，合作社受到管理不善的困扰，受到政府的严格控制，并没有实现预期的发展目标，没有造福穷人（Holmén，1990；Laidlaw，1978）。大多数合作社在那个时期被认为是效率低下、财务薄弱，没有合格的管理，没有大量的产出，并无法创造更广泛的公平，反而扩大了贫富差距（Holmén，1990；Münkner，1976；Laidlaw，1980）。即使在有效运转的合作社中，也只有少数成员受益，主要是当地的精英阶层，而普通合作社成员，特别是贫困群体，并没有从合作社中受益（Holmén，1990）。

综上所述，战后发展中国家的大多数合作社未能实现预期，许多合作社破产。究其原因主要是，官僚组织方式导致合作社缺乏自主权，民主管理也受到限制。合作社更多地被视为达到减轻贫困和实现国家目标的政策工具，而不是以成员利益为目标的，由成员拥有和控制的组织。

第二节　合作社多维减贫的中国实践

一、有关培育和扶持农民合作社发展的政策回顾

2007 年，《中华人民共和国农民专业合作社法》（以下简称《合作社法》）实施，标志着我国农民专业合作社进入依法发展的新阶段。本研究对 2007—2020 年 14 个中央 1 号文件（以下简称“文件”）进行了整理（见附表 1 和附表 2）。通过对这一时期有关农民合作社发展的政策导向进行系统梳理，形成了以下两方面认识，一是中央出台了一系列支持农民合作社发展的政策举措，大力推动农民合作社事业发展；二是中央试图以农民合作社为抓手带动实现其他有关农村发展与改革的政策目标。

（一）支持农民合作社发展的政策举措

2007—2020 年，按照积极发展、逐步规范、强化扶持、提升素质的要求，为切实提高农民合作社引领带动能力和市场竞争能力，中央制定了一系列支持农民合作社发展的政策举措，大致可以分为配套法规制定、财政资金支持、税收优惠政策、金融保险支持、人才队伍建设、用地政策倾斜和示范社建设行动 7 大类（见表 8－1）。

表 8－1　支持农民合作社发展的相关政策

年份	政策类型/政策内容
	1. 配套法规制定
2007/2008/2015/2018	各地要加快制定推动农民专业合作社发展的实施细则，有关部门要抓紧出台具体登记办法、财务会计制度和配套支持措施；全面贯彻落实《农民专业合作社法》，抓紧出台配套法规政策；适时修改《农民专业合作社法》；要维护农村合作经济组织的特别法人地位和权利。
	2. 财政资金支持
2007/2008/2009/2013/2014/2017	各级财政要加大对农民专业合作社的扶持，应增大农民专业合作社建设示范项目资金规模，应对合作社人员培训给予经费支持；农民专业合作社可以申请承担国家的有关涉农项目，应尽快制定有条件的合作社承担国家涉农项目的具体办法；逐步扩大农村土地整理、农业综合开发、农田水利建设、农技推广等涉农项目由合作社承担的规模；对示范社建设鲜活农产品仓储物流设施、兴办农产品加工业给予补助；允许财政项目资金直接投向符合条件的合作社，允许财政补助形成的资产转交合作社持有和管护，有关部门要建立规范透明的管理制度；推进财政支持农民合作社创新试点工作。
	3. 税收优惠政策
2007/2008/2009/2013/2014	要采取有利于农民专业合作组织发展的税收政策；应尽快制定税收优惠办法，清理取消不合理收费；应将合作社纳入税务登记系统，免收税务登记工本费；应将合作社纳入国民经济统计并作为单独纳税主体列入税务登记，做好合作社发票领用等工作。

续表

年份	政策类型/政策内容
	4. 金融保险支持
2007/2009/2013/2014	要采取有利于农民专业合作组织发展的金融政策，尽快制定金融支持合作社的具体办法；在信用评定基础上对示范社开展联合授信，有条件的地方予以贷款贴息，规范合作社开展信用合作；创新适合合作社生产经营特点的保险产品和服务；鼓励地方政府和民间出资设立融资性担保公司，为新型农业经营主体提供贷款担保服务。
	5. 人才队伍建设
2013/2014	要建立合作社带头人人才库和培训基地，广泛开展合作社带头人、经营管理人员和辅导员培训，引导高校毕业生到合作社工作；要加大对新型职业农民和新型农业经营主体领办人的教育培训力度。
	6. 用地政策倾斜
2013/2014/2015/2016	落实设施农用地政策，合作社生产设施用地和附属设施用地按农用地管理；在国家年度建设用地指标中单列一定比例专门用于新型农业经营主体建设配套辅助设施；引导农民以土地经营权入股合作社。
	7. 示范社建设行动
2009/2010/2012/2013/2015/2016	大力发展农民专业合作社，深入推进示范社建设行动，对服务能力强、民主管理好的合作社给予补助；加大支持力度，加强辅导服务，推进示范社建设行动，促进农民专业合作社规范运行；实行部门联合评定示范社机制，分级建立示范社名录，把示范社作为政策扶持重点；引导农民专业合作社拓宽服务领域，促进规范发展，实行年度报告公示制度，深入推进示范社创建行动。

资料来源：根据2007—2020年中央1号文件整理。

如表8－1所示，自2007年以来，为支持农民合作社快速发展，中央制定了一套相当完整的政策体系，既包括配套法规的制定，也包括资金、人才、土地等要素方面的保障，还包括促进规范化运行的示范社建设行动。但是，上述政策的制定主要是针对作为经济组织的农民合作社。我们可以做一个快速检验，将表8－1中文件内容有关“合作社”的字眼全部用“龙头企业”来替换，结果会发现，几乎所有这些政策也都适用于作为经济组织的龙头企业。如本书第二章所述，合作社具有双重属性，一方面与企业一样具有盈利性，另一方面与俱乐部一样为内部成员提供公共物品（或服务），以满足内部成员的共同需求。后一层属性就是合作社区别于投资者所有企业的关键所在。因为，合作社是基于社会资本的组织，只有当合作社拥有足够的社会资本时，合作社才具有超越投资者所有企业的竞争优势。然而，在前一时期，中央在制定支持合作社发展的相关政策时，恰恰忽略了对合作社社会资本的培育。

（二）扶持农民合作社发展的政策目标

2012 年中央 1 号文件指出，要充分发挥农民专业合作社组织农民进入市场、应用先进技术、发展现代农业的积极作用。2013 年中央 1 号文件提出，农民合作社是带动农户进入市场的基本主体，是发展农村集体经济的新型实体，是创新农村社会管理的有效载体。诚然，中央对农民合作社在许多领域的作用寄予厚望。通过对 2007—2020 年中央 1 号文件的梳理，我们发现中央试图以农民合作社为抓手带动实现至少 11 个方面的政策目标（见表 8 -2）。

表 8 -2　　期望通过农民合作社发展带动实现的政策目标

年份	政策目标/文件精神
	1. 完善农产品流通体系
2007/2012/2015	支持农民合作社直接向城市超市、社区菜市场、便利店、学校、企业和社区配送农产品。扶持产地农产品收集、加工、包装、贮存等配套设施建设，重点对农民专业合作社建设初加工和贮藏设施予以补助。支持生产基地、农民专业合作社在城市社区增加直供直销网点，形成稳定的农产品供求关系。扶持供销合作社、农民专业合作社等发展联通城乡市场的双向流通网络。
	2. 提高农业产业化水平
2008/2010/2012/2016/2017/2019/2020	鼓励和支持农民专业合作社兴办农产品加工企业或参股龙头企业；扶持农民和农村集体经济组织创办乡村旅游合作社；支持发展适合家庭农场和农民合作社经营的农产品初加工；重点培育农民合作社等新型农业经营主体，培育农业产业化联合体。

续表

年份	政策目标/文件精神
	3. 加强农业标准化建设
2008/2009	扶持龙头企业、农民专业合作组织等率先实行标准化生产；加快农业标准化示范区建设，推动农民专业合作社等率先实行标准化生产，支持建设绿色和有机农产品生产基地。
	4. 促进农村生产性服务业发展
2008/2009/2012/2013/2014/2019	支持发展农机合作社等服务组织；支持供销合作社、邮政、商贸企业和农民专业合作社等加快发展农资连锁经营，推行农资信用销售；加大信贷支持力度，鼓励……农机合作社购置大中型农机具。通过政府订购、定向委托、招投标等方式，扶持农民专业合作社、供销合作社、专业技术协会、农民用水合作组织、涉农企业等社会力量广泛参与农业产前、产中、产后服务；支持农民合作社……为农业生产经营提供低成本、便利化、全方位的服务，发挥经营性服务组织的生力军作用；支持……农民合作社等开展农技推广、土地托管、代耕代种、统防统治、烘干收储等农业生产性服务。
	5. 推进农村金融体制改革
2009/2010/2012/2014/2015/2016/2017	抓紧出台对……农民专业合作社开展信用合作试点的具体办法；各级政府扶持的贷款担保公司要把农民专业合作社纳入服务范围，支持有条件的合作社兴办农村资金互助社；有序发展农村资金互助组织，引导农民专业合作社规范开展信用合作；在管理民主、运行规范、带动力强的农民合作社和供销合作社基础上，培育发展农村合作金融，不断丰富农村地区金融机构类型；坚持社员制、封闭性原则，在不对外吸储放贷、不支付固定回报的前提下，推动社区性农村资金互助组织发展；完善地方农村金融管理体制，明确地方政府对新型农村合作金融监管职责，鼓励地方建立风险补偿基金，有效防范金融风险；适时制定农村合作金融发展管理办法；扩大在农民合作社内部开展信用合作试点的范围，健全风险防范化解机制，落实地方政府监管责任。
	6. 完善农业补贴制度
2010/2012/2013	按照增加总量、扩大范围、完善机制的要求，继续加大农业补贴强度，新增补贴向主产区和优势产区集中，向农民合作社等新型生产经营主体倾斜。
	7. 深化水利和林业改革
2008/2010/2011/2014/2015	鼓励发展农民用水合作组织，扶持其成为小型农田水利工程建设和管护主体；推广农民用水户参与管理模式，加大财政对农民用水合作组织的扶持力度；规范集体林权流转，支持发展林农专业合作社。

续表

年份	政策目标/文件精神
	8. 农业科技创新与推广
2012/2017	加大动植物良种工程实施力度，鼓励种子企业与农民专业合作社联合建立相对集中稳定的种子生产基地；鼓励地方建立农科教产学研一体化农业技术推广联盟，支持农技推广人员与家庭农场、农民合作社、龙头企业开展技术合作。
	9. 培养农村实用人才
2008/2012/2018	组织实施新农村实用人才培训工程，重点培训……和专业合作组织领办人、负责人等农村发展带头人；创新培训机制，支持农民专业合作社、专业技术协会、龙头企业等主体承担培训。
	10. 加强农村基层党的建设
2010/2014	推动农村基层党组织工作创新，扩大基层党组织对农村新型组织的覆盖面，推广在农民专业合作社、专业协会、外出务工经商人员相对集中点建立党组织的做法；进一步加强农民合作社、专业技术协会等的党建工作，创新和完善组织设置，理顺隶属关系。
	11. 推动特色村镇建设
2017	支持有条件的乡村建设以农民合作社为主要载体、让农民充分参与和受益，集循环农业、创意农业、农事体验于一体的田园综合体，通过农业综合开发、农村综合改革转移支付等渠道开展试点示范。

资料来源：根据 2007—2020 年中央 1 号文件整理。

对表 8－2 内容的分析显示，2007—2017 年，中央 1 号文件中多次指出要发挥农民合作社在推动“三农”发展与改革中的重要作用，具体包括完善农产品流通体系、提高农业产业化水平、加强农业标准化建设、促进农村生产性服务业发展、推进农村金融体制改革、完善农业补贴制度、深化水利和林业改革、农业科技创新与推广、培养农村实用人才、加强农村基层党的建设和推动特色村镇建设等至少 11 个重要领域，由此可见，在《合作社法》颁布后的十年间，也是我国农民合作社数量规模快速增长的前十年。结合一些有关我国农民合作社发展现状和影响效应的调研报告的结论，以及本研究近年来农村实地调研收集的第一手资料来看，当前中国农民专业合作社发展现状并不乐观。正如潘劲（2011）所指出的，在中国，农民合作社并未得到广大农民的认可，农民对合作社的反应很漠然；即使是在合作社有所发展的地区，仍有大量农户没有加入合作社；在已经成立的合作社中，又有相当数量的合作社不再运营；而在运营的合作社中，又有大量合作社是被大股东控制的伪合作社，其本质与投资者控制的企业相差无几，合作社的招牌只是大股东们用来争取优惠政策的幌子。在这种背景下，对过去十几年中国合作社发展的历史经验和教训进行反思，对农民合作社发展相关政策进行调整和完善是非常有必要的。

二、有关农民合作社助力脱贫攻坚的政策回顾

本书在中央人民政府和国务院扶贫开发领导小组办公室两家官方网站中，对2013年以来有关扶贫开发和脱贫攻坚的国家政策文件进行了全面检索，从中找出9份涉及农民合作社扶贫的重要文件，并将其中相关内容整理为表8－3。

表8－3　2013年以来有关农民合作社扶贫的国家政策

扶贫方式	政策内容
农林产业扶贫	积极培育贫困地区农民合作组织，发挥其对贫困人口的组织和带动作用[①、⑨]，强化其与贫困户的利益联结机制[②]；培育壮大贫困地区农民专业合作社、龙头企业等新型经营主体，支持发展产供直销，鼓励采取订单帮扶模式对贫困户开展定向帮扶，提供全产业链服务[⑤]；支持各类新型经营主体通过土地托管、土地流转、订单农业、牲畜托养、土地经营权股份合作等方式，与贫困村、贫困户建立稳定的利益联结机制，使贫困户从中直接受益[⑤]；积极发展特色农产品交易市场，鼓励大型零售超市与贫困老区合作社开展农超对接[③]；支持农业集体经济组织、企业、合作社开展原料基地、农产品加工、营销平台等生产流通设施建设[⑤]；支持贫困地区农民合作社开展示范创建，加大合作社人才培养力度，增强带动能力[⑧]；鼓励加大对带贫成效突出的龙头企业、农民合作社、创业致富带头人的信贷支持力度[⑧]。

续表

扶贫方式	政策内容
电商扶贫	发挥大型电商企业孵化带动作用，支持有意愿的贫困户和带动贫困户的农民专业合作社开办网上商店；鼓励引导电商和电商平台企业开辟特色农产品网上销售平台，与合作社、种养大户建立直采直供关系⑤。
旅游扶贫	探索合作社+农户等多种类型的旅游扶贫新模式，鼓励每个合作社带动不少于20户建档立卡贫困户，通过招工、订单采购农产品、建设绿色食品基地、成立互助社等方式帮扶脱贫；加快扶贫创新模式推广，到2020年，全国建设企业（合作社）+农户旅游扶贫示范基地1万家④。在贫困地区扶持建设一批休闲旅游合作社⑤。
资产收益扶贫	在不改变用途的情况下，财政专项扶贫资金和其他涉农资金投入设施农业、养殖、光伏、水电、乡村旅游等项目形成的资产，具备条件的可折股量化给贫困村和贫困户，资产可由村集体、合作社或其他经营主体统一经营；支持农民合作社和其他经营主体通过土地托管、牲畜托养和吸收农民土地经营权入股等方式，带动贫困户增收②；引导贫困户将已确权登记的土地承包经营权入股企业、合作社、家庭农（林）场与新型经营主体形成利益共同体，分享经营收益⑤。
科技扶贫	大力实施边远贫困地区、边疆民族地区和革命老区人才支持计划科技人员专项计划，引导支持科技人员与贫困户结成利益共同体，创办、领办、协办企业和农民专业合作社，带动贫困人口脱贫⑤。
消费扶贫	鼓励龙头企业、农产品批发市场、电商企业、大型超市采取“农户+合作社+企业”等模式，在贫困地区建立生产基地，大力发展订单农业；完善公司、合作社、致富带头人与贫困人口的利益联结机制，提高贫困人口在农产品销售和休闲农业、乡村旅游中的参与度，切实保障贫困人口分享收益；探索建立消费扶贫台账，重点统计购买建档立卡贫困村、贫困户和带贫成效突出企业、合作社的产品相关数据，并作为政策支持、评先评优等重要依据⑦。
生态保护扶贫	探索天然林、集体公益林托管，推广“合作社+管护+贫困户”模式，吸纳贫困人口参与管护；建设生态扶贫专业合作社，吸纳贫困人口参与防沙治沙、石漠化治理、防护林建设和储备林营造；深化贫困地区集体林权制度改革，鼓励贫困人口将林地经营权入股造林合作社⑥。

续表

扶贫方式	政策内容
金融扶贫	在防范风险前提下，加快推动农村合作金融发展，增强农村信用社支农服务功能，规范发展村镇银行、小额贷款公司和贫困村资金互助组织①；支持贫困地区培育发展农民资金互助组织，开展农民合作社信用合作试点②。

资料来源：表中资料来源于下述9份文件。

注：为节省篇幅，表中以文件编号注明引用，文件编号和文件全名如下：①《中共中央办公厅　国务院办公厅关于创新机制扎实推进农村扶贫开发工作的意见》（中办发〔2013〕25号）；②《中共中央　国务院关于打赢脱贫攻坚战的决定》（中发〔2015〕34号）；③《中共中央办公厅　国务院办公厅关于加大脱贫攻坚力度支持革命老区开发建设的指导意见》（中办发〔2015〕64号）；④《国家旅游局等12家部门单位关于印发乡村旅游扶贫工程行动方案的通知》（旅发〔2016〕121号）；⑤《国务院关于印发“十三五”脱贫攻坚规划的通知》（国发〔2016〕64号）；⑥《中共中央　国务院关于打赢脱贫攻坚战三年行动的指导意见》（2018年6月15日）；⑦《国务院办公厅关于深入开展消费扶贫助力打赢脱贫攻坚战的指导意见》（国办发〔2018〕129号）；⑧《农业农村部办公厅　国务院扶贫办综合司关于做好2020年产业扶贫工作的意见》（农办规〔2020〕3号）；⑨《关于建立防止返贫监测和帮扶机制的指导意见》（国开发〔2020〕6号）。

依据《国务院关于印发“十三五”脱贫攻坚规划的通知》（国发〔2016〕64号），我国当前脱贫攻坚政策体系大致可以分为产业发展脱贫、转移就业脱贫、易地搬迁脱贫、教育扶贫、健康扶贫、生态保护扶贫、兜底保障、社会扶贫、提升贫困地区区域发展能力和保障措施10个板块，其中产业发展脱贫又包含农林产业扶贫、旅游扶贫、电商扶贫、资产收益扶贫和科技扶贫等小板块。根据表8－3的归纳，在我国当前脱贫攻坚政策体系中，农民合作社发挥的作用主要以助推产业发展脱贫为主，并在产业发展脱贫板块中各个小板块都有相应的政策设计，在产业发展脱贫政策板块之外，生态保护扶贫和金融扶贫（隶属于政策保障政策板块）领域的政策设计也有一些与农民合作社相关的内容。然而，转移就业脱贫、教育扶贫、健康扶贫等其他7大板块中几乎都没有与农民合作社相关的政策设计。我国脱贫攻坚政策体系是一个多维扶贫体系，既包括提升贫困群体收入水平，也包括对贫困群体的教育、医疗、居住环境和就业等基本能力的保障，其中产业发展脱贫政策的主要目的在于提升收入水平。不难看出，在当前的政策体系中，农民合作社被定位为有助于提升贫困群体收入水平的一类市场经营主体，在脱贫攻坚中发挥着与龙头企业、家庭农（林）场和种养大户类似的作用。不同之处，一是农民合作社与龙头企业的规模往往大于家庭农（林）场和种养大户，因此能发挥更大的带贫作用，二是虽然农民合作社在投资能力、经营效率和风险防范方面一般不如龙头企业，但农民合作社在联系农户方面却具有天然的优势，因此两者优势互补形成的“公司 + 合作社 + 农户”模式成为我国农村一种表现良好的经营范式。不得不说，目前我国农民合作社发展还处于初级阶段，过去一段时期支持农民合作社发展的政策设计也没有对合作社社会资本积累的作用提起足够重视，目前绝大多数农民合作社缺乏足够的社会资本。因此，在作为经济组织时，竞争力往往不如龙头企业，常常只能作为帮助龙头企业联系农户的桥梁；在作为社会组织时，社员参与度和信任度不高，组织缺乏凝聚力，难以做出满足社员需求的集体行动。可以说，当前脱贫攻坚政策体系中对农民合作社的定位是与我国农民合作社发展阶段和现状相匹配的。虽然农民合作社具有盈利性企业和俱乐部双重属性，农民合作社不仅具有减轻收入贫困的能力，还具有减轻多维贫困的潜力。但前提是农民合作社具有充足的社会资本，社员积极参与集体决策和经营，拥有信任、团结、互助的组织内部网络环境，与其他组织和机构建立起稳定良好的互惠合作。

三、有关农民合作社助力脱贫攻坚的典型案例

如前所述，我国农民合作社助力脱贫攻坚主要作用于产业发展脱贫领域，为深入了解农民合作社产业扶贫实践，2017 年本研究在湖北省各地开展了一次以“农民合作社助力脱贫攻坚”为主题的案例调查，收集了大量第一手资料。当前，我国农村大部分合作社是由农业公司或农村精英发起领办的，还有一部分是由村党支部或党员干部领办的，近

年来还出现了由贫困户联办的合作社。显然，不同类型的领办人建立合作社及参与扶贫的动机和做法会存在差异，因此，按照领办人类型来归纳分析合作社扶贫案例对于进一步调整完善相关减贫政策设计具有重要意义。

（一）农业公司或农村精英领办型合作社扶贫案例

宜昌市成祥养羊专业合作社2009年11月在工商部门注册登记，是一家典型的农业公司和农村精英领办的合作社。该合作社注册资金500万元，理事长李红艳占股53.6%，田贞芹及其所有的独资公司（老高荒生态农业有限公司）分别占股21.6%和20%，其余3位自然人股东分别占股1.6%。合作社共有社员620人，网络肉羊养殖农户2200多户，养殖规模达4.2万只，年出栏肉羊2.1万只。年经营收入实现4200万元。

自2011年起成祥养羊专业合作社开始实施“养羊扶贫整村推进工程”，对宜昌市夷陵区进行了养羊扶贫全区系统规划，按“选择贫困对象，先行试点；探索脱贫途径，逐步优化；形成脱贫模式，大力推广”三大步推进实施。成祥养羊专业合作社形成了一套完善的农民收益保障体系，主要包括为农民免费提供种羊、组织集约购进草种、免费向农民提供养殖技术和兽药、资助农民修建标准化羊舍、以高出市场价30%的价格上门回收出栏肉羊、加工销售后按交易量的60%向社员返利、组建专业技术服务公司为农户提供跟踪服务。

2016年，合作社精准扶贫覆盖了全区7个乡镇，共18个村100户，合作社养殖技术服务公司（宜昌羊咩咩山羊产业综合服务有限公司）先后为乐天溪镇、三斗坪镇、分乡镇、太平溪镇的贫困户举办技术培训6场300多人次；合作社为贫困户免费发放培训手册500多份；合作社先后在太平溪镇、分乡镇免费为贫困户发放草种和药品；合作社为三斗坪镇柏果樘村免费发放羔羊100只，为黄花镇上洋村免费发放羔羊50

只；合作社联手夷陵区残联，两家分别出资50%，为夷陵区三斗坪镇、分乡镇、鸦鹊岭镇、乐天溪镇、太平溪镇、雾渡河镇各地残疾贫困户提供种羊300只，并为贫困户免费提供草种300亩。2016年合作社回收贫困户肉羊1000只，通过羊肉深加工后，以每斤高于市场价2元的标准回收，每斤12元，贫困户每只肉羊高出市场价120元（每只肉羊平均60斤），1000只共计60万元。扶贫投入资金12.5万元，加上肉羊回收高出市场价的60万元，共计为贫困户增收72.5万元，户均增收7250元。

成祥养羊专业合作社实施“养羊扶贫工程”的原因主要来源于两方面理性选择，一是经济理性，即合作社在参与扶贫行动的过程中能够从相关政府部门争取政策或项目支持，并得到社会认可；二是道德理性，即合作社愿意在带动贫困户发展方面做点实事，是合作社决策者出于社会价值和社会责任的考量。但是，产业本身发展的经济理性逻辑和帮助贫困户脱贫的道德理性逻辑是容易产生矛盾和冲突的。实践中，农业公司或农村精英领办型合作社提供给贫困户入股、社内务工的机会较少，主要通过免费赠苗、培训、保护价收购等社外合作的利益联结方式。而贫困户由于技术掌握不到位等原因，种养殖出来的农产品可能达不到合作社的质量标准，导致贫困户参与热情降低，合作社辐射带动贫困户的效果减弱。然而，扶贫资源和扶贫项目大多数仍然由合作社负责经营运作，就导致扶贫资源的配置和使用陷入“精英俘获”困境。

（二）党支部或党员干部领办型合作社扶贫案例

黄石市阳新县蔡贤村桑蚕产业专业合作社成立于2009年10月，拥有桑园面积3100亩，生产加工厂房1800平方米，标准化规模化养殖厂房4500平方米，发展成员118人，注册资金400万元，带动农户560人。受自然条件所限，蔡贤村是阳新县有名的贫困村，当地农民长期靠国家的扶贫资金维持生活。2005年，蔡召成当选为蔡贤村党支部书记，经过调查取经，他最终认定了养蚕项目，于是开始利用村里的荒山荒地种桑养蚕，带领村民脱贫致富。摸着石头过河，一步步发展壮大，2009年成立了蔡贤村桑蚕产业专业合作社，该合作社是典型的村党支部领办合作社，从股权结构看，合作社注册资金400万元，村委会出资70万元，其他成员出资均不超过5万元，绝大部分为1万元，因此村委会在合作社中处于绝对主导地位。从合作社理事会成员看，村党支部书记蔡召成兼任合作社理事长，为合作社的经营和发展壮大付出了大量心血，但其本人在合作社的股份只有1万元，并且担任理事长的待遇只有每月200元的电话费补贴。

蔡贤村有60名党员，在家务农的40名党员中，有30人率先养蚕，成为村里的养蚕专业户。他们带头参加桑蚕产业专业合作社，与40多户不懂技术，不善经营的养蚕户建立帮扶关系，义务为村民提供生产、销售、技术等方面的服务，维护村民合法权益，帮助村民发展桑蚕增加经济收入。贫困户蔡乾礼中风，家里劳力少，又不懂技术。党员蔡克龙坚持每周一次，上门开展技术指导，在养蚕的各个环节，帮助他解决消毒、防病等各种困难。

桑蚕产业在蔡贤村是一个新兴产业，为了保证这个新兴产业能够给村民带来最大的利益，合作社一直坚持“一服务、二统一、四帮扶”的做法。“一服务”是指做好种养技术辅导服务，“二统一”是指统一桑蚕苗种的采购价和桑蚕成品的收购价，“四帮扶”是指：送，对桑蚕种养户无偿送苗木、送技术、送大棚雨布；补，种养户当年新栽苗，每亩补优质肥50斤，每季每张蚕种补优质肥50斤，连片10亩以上大户每亩每年补现金100元；奖，实行年终评奖制度，种养户单项收入过5000元的，奖优质肥100斤，过10000元的，奖现金1000元，对在桑蚕产业发展上作出了特别贡献的种养户，则另有重奖；保，实行鲜茧收购保护价和保底价。

村党组织领办农民专业合作社，实行“党支部+合作社+农户”

的发展模式，把党的政治优势与合作社的经济优势结合在一起，既发挥了市场经济和产权明晰的优势，又为基层党组织转变领导职能和领导方式开辟了新路，反映了市场经济条件下新型的公有制关系，是建设社会主义新农村的客观要求。同时，这种发展模式也与中央提出的加强农村基层党组织建设，把党组织建在市场主体中、建在产业链上的要求相一致，与 2013 年中央 1 号文件提出的“农民专业合作社是带动农户进入市场的基本主体，是发展农村集体经济的新型实体，是创新农村社会管理的有效载体”的精神相吻合。

为了实施精准扶贫、精准脱贫战略，地方政府在有限资源和有限时间的情况下有时也会采取超常规举措完成脱贫攻坚的任务。因此，有可能会导致扶贫任务（短期性、零碎性和直观性）与产业发展（长期性、系统性、复杂性）之间产生冲突，由于村党支部把带动贫困户脱贫增收作为合作社产生和发展的必要条件，因此过于强调合作社的益贫性，忽视合作社以平等服务全体社员为目标的本质属性。同时，合作社的项目引进、设施建设、技术指导、市场销售等环节也由村党支部把持和控制，既不利于合作社在市场经济环境下的可持续发展，也不利于村党支部在村庄治理、公共服务等方面的功能发挥。

（三）贫困户联合领办型合作社扶贫案例

贫困户联合领办型合作社一般是在“村两委”和“驻村工作队”的支持下组建并运行，推选相对能力更强和威望更高的贫困户担任合作社理事长，负责协调合作社与“村两委”和“驻村工作队”的关系。“村两委”和“驻村工作队”将整合的各级各类扶贫资金作为合作社启动资金，组织动员贫困户以金融扶贫贷款、土地等入股到合作社，为合作社提供政策扶持、农资采购、产品销售等协调联络服务。

随州市随县联丰种养专业合作社就是采取这种模式。合作社成立于 2015 年，以种香菇为主，截至 2017 年共发展社员 186 户，在全村 298

户农户中占比 62.42%，其中贫困户 72 户，在全村 90 户贫困户中占比 77.78%。合作社理事长宫连贵是一位建档立卡贫困户。梅子沟村山场多，村民大多种植香菇。合作社成立以前，梅子沟村的菇农们分散种植、分散销售，每年将香菇卖给进村收山货的贩子，售价大大低于市场价格，分散种植还导致成本高、技术落后、劳动力紧缺等问题。了解到这些问题后，驻村第一书记周厚盾带领扶贫工作队组织村民创办了随县联丰种养专业合作社，宫连贵自告奋勇担任首届合作社理事长，12 名初始社员中有 8 人也都是扶贫对象。贫困户联合成立合作社，引起了随县县委书记毕道丽同志的高度重视，并多次进村调研，并为合作社拨付了 10 多万元的产业扶贫专项资金，利用这笔扶贫资金，合作社开辟了 13 亩香菇种植基地，建起 50 座菇棚，拌料场、泡袋水池、水路电路也一并到位，提供给菇农免费使用。合作社在香菇收购环节给予贫困户额外优惠，“凡是入社的贫困户，每袋香菇收购价额外补贴 8 毛钱”。2017 年村民增收 70 万元，22 家贫困户户均年增收 5000 元。2018 年发展鲜菇种植 20 万袋，吸纳 40 名贫困村民就业。

这种模式是政府将贫困户组织起来参与产业扶贫的实践探索。在产业扶贫中，政府动员贫困户联合组建合作社，引导贫困户发展扶贫产业，实现由传统的分散性小生产向现代的组织性大生产的转变，既提高了贫困户参与积极性，也促进了基层党建和脱贫攻坚工作相互融合。相对于贫困户个体单干而言，合作社在资金、技术、信息、社会协作关系等方面更有利于实现资源的优化配置，具有更大的抗风险能力、更强的市场竞争力和更高的规模效应，贫困户在产业扶贫中的参与度和受益面得以提升，达到了“户户有脱贫项目、人人有增收门路”的脱贫目标。

在贫困户联合型合作社中，合作社创建的目的是为了有效承接扶贫资源，解决农村脱贫致富缺乏“带头人”的困境。实践中，村党支部和各级政府部门对合作社干预程度较高，往往会直接参与扶贫产业的生产、加工和销售等各个环节，为合作社提供项目援助、技术指导和市场销路等服务，客观上导致合作社适应市场能力较差、规模相对较小、辐射带动能力有限，难以将贫困户和普通农户组织起来提升规模化和市场化，合作社面临可持续发展的困境。从合作社的日常经营管理、社员结构、决策方式、分配方式等方面来看，这类合作社具有明显的松散性、脆弱性、依赖性和救济性的特征，发展前景不容乐观。

第三节　本章小结

合作社多维减贫的国际经验表明，发达国家的合作社起源于人们试图通过合作摆脱贫困的朴实动机；在合作社产生和发展的初期，合作社帮助人们摆脱了绝对贫困，并防止其返贫，取得了重大减贫成就；合作社并非穷人的专利，随着经济发展和绝对贫困的减少，合作社会自然转变为中低收入者持续积累经济优势的手段，富人同样也会采用合作模式，并将穷人排除在外，此时的合作社可能会加剧相对贫困（不平等）；完全由贫困者组成合作社，由于缺乏必要的资源，是难以持续发展的，罗奇代尔先锋社成功的主要原因在于，它是由一群逐渐沦为穷人的技术工人发起的，而这些工人变穷的原因不是因为缺乏技能或知识，而且他们也不缺乏足够的社会资本；基于慈善冲动而发起的针对穷人的合作社也是难以持久的，因为不符合合作社原则（合作社精神）；由政府部门负责或干预过多的合作社难以实现预期的政策目标，官僚组织方式会导致合作社缺乏自主权，民主管理也受到限制；当合作社更多地被视为达到减轻贫困和实现发展目标的政策工具，而非以实现成员利益为目标、由成员拥有和控制的组织时，合作社的表现往往会使人们大失所望。

2007—2020 年，我国制定了一系列支持农民合作社发展的政策举措，大致可以分为配套法规制定、财政资金支持、税收优惠政策、金融保险支持、人才队伍建设、用地政策倾斜和示范社建设行动 7 大类。这些政策几乎都是针对合作社的经济组织属性，几乎没有针对合作社的社会组织属性。社会资本作为影响合作社发展的最重要的要素，在前一时期的政策设计中被忽视了。中央文件中将农民合作社定位为，带动农户进入市场的基本主体，发展农村集体经济的新型实体，创新农村社会管理的有效载体，可见我国政府对农民合作社在农村经济社会发展的许多领域都寄予厚望，在 2007—2017 年的中央 1 号文件中，涉及完善农产品流通体系、提高农业产业化水平、加强农业标准化建设、促进农村生产性服务业发展、推进农村金融体制改革、完善农业补贴制度、深化水利和林业改革、农业科技创新与推广、培养农村实用人才、加强农村基层党的建设和推动特色村镇建设等至少 11 个重要领域的政策设计中提到了农民合作社的作用。

我国当前脱贫攻坚政策体系大致可以分为产业发展脱贫、转移就业脱贫、易地搬迁脱贫、教育扶贫、健康扶贫、生态保护扶贫、兜底保障、社会扶贫、提升贫困地区区域发展能力和保障措施 10 个板块，农民合作社发挥的作用主要以助推产业发展脱贫为主，在转移就业脱贫、教育扶贫、健康扶贫等其他 7 大板块中几乎都没有与农民合作社相关的政策设计。由此可见，农民合作社仅被定位为有助于提升贫困群体收入水平的一类市场经营主体，在脱贫攻坚中发挥着与龙头企业、家庭农（林）场和种养大户类似的作用。但实际上农民合作社的减贫潜力不止于此，不仅具有减轻收入贫困的能力，还具有减轻多维贫困的潜力。只不过需要满足一个重要的前提条件，那就是农民合作社要拥有充足的社会资本。

当前，我国农村大部分合作社是由农业公司或农村精英发起领办的，还有一部分是由村党支部或党员干部领办的，近年来还出现了由贫困户联办的合作社，以上三种类型的农民合作社在助力脱贫攻坚上都取得了一定成效，涌现出一些典型案例和好的做法，同时也存在一些问题。农业公司或农村精英领办型合作社提供给贫困户入股、社内务工的机会较少，主要通过免费赠苗、培训、保护价收购等社外合作的利益联结方式。而贫困户由于技术掌握不到位等原因，种养殖出来的农产品可能达不到合作社的质量标准，导致贫困户参与热情降低，合作社辐射带动贫困户的效果减弱。然而，扶贫资源和扶贫项目大多数仍然由合作社负责经营运作，就导致扶贫资源的配置和使用陷入“精英俘获”困境。党支部或党员干部领办型合作社过于强调合作社的益贫性，忽视合作社以平等服务全体社员为目标的本质属性。同时，村庄经济权力和政治权力的高度集中，既不利于合作社在市场经济环境下的可持续发展，也不利于村党支部在村庄治理、公共服务等方面的功能发挥。贫困户联合领办型合作社适应市场能力较差、规模相对较小、辐射带动能力有限，难以将贫困户和普通农户组织起来提升规模化和市场化，合作社面临可持续发展的困境。

第九章　主要结论与政策建议

基于对合作社社会资本多维减贫问题的理论和实证分析，本书共总结出9条主要结论，并提出6条政策建议。

第一节　主要结论

（一）合作社是基于社会资本的组织

行动者在追求特定经济资源的过程中，一般都需要与其他行动者进行互动，合作社、市场和科层组织就是可以用来管理互动的治理机制，而选用哪种治理机制则取决于行动者与其他行动者之间相互依存关系的类型。当行动者之间存在高度非对称性依存关系时，采用市场机制来互动更有利；当行动者之间存在轻度非对称性依存关系时，采用科层组织管理互动更有优势；而当行动者之间存在对称性关系时，采用合作社管理互动更合适。之所以不同的治理机制适用于行动者之间不同的相互依存关系，是因为不同治理机制用于规范资源分配的经济规则不同，市场机制的经济规则是价格，科层组织的经济规则是权力关系，而合作社的经济规则是其拥有的社会资本，因为成员之间对称性的相互依存关系，使他们具有平等地位，合作社内部的成员协调和资源分配主要取决于成员之间的人际关系质量。社会资本与合作社的关系，类似于价格与市场、权力与科层组织的关系。因此，合作社可以被视为基于社会资本的组织。社会资本的可用性对于合作组织的创建和维护意义重大，第一，社会资本是合作社的经济规则，而非价格和权力关系；第二，社会资本是合作社的主要资源，而非其他类型的资本（特别是金融资本和物质资本）。相应地，高度依赖社会资本也成为制约合作社良好运行的限制条件，现有研究中所指出的合作社的局限性，如激励问题和决策困境等，都可以理解为是由社会资本不足导致的。

（二）遵循合作社原则的意义在于它能够促进和保护社会资本

在国际合作社联盟确立的 7 条合作社原则中，“自愿和开放成员、民主成员控制、有限的资本补偿、自治和独立”4 条原则描述了合作社治理的本质，确立了合作社成员间的相互依存关系基本上是对称性的，起到支持社会资本成为组织资源的重要作用，而“教育培训和信息、合作社之间的合作、关注社区”3 条原则的意义在于促进合作社社会资本的积累。

（三）合作社社会资本是一个概念体系

按不同的社会网络可以将合作社社会资本分为内部社会资本和外部社会资本两类，合作社外部社会资本存量是指，合作社外部网中其他个人和组织所拥有的网络资源的总和；合作社内部（实际）社会资本存量是指，合作社内部网中所有社员拥有并愿意在合作社中共享的网络资源的总和。其中合作社内部（实际）社会资本存量受两方面因素影响，一是合作社内部潜在社会资本存量，即合作社内部网中所有社员拥有的网络资源的总和；二是合作社内部网络环境特征，即合作社内部网中蕴含的信任、规范、理解和宽容等，它决定了合作社内部潜在社会资本存量向实际社会资本存量转化的比率。社员对合作社的社会资本投资是指，社员在与合作社交往过程中的给予行为，包括为合作社提供有用的信息、思想、机会和支持，也包括积极参与合作社集体活动和公共事务，社员对合作社的社会资本投资直接影响社员动用合作社内、外部社会资本的能力。

（四）合作社社会资本能够直接和间接地减轻多维贫困，合作社内部网络环境和社员行为的差异都会对减贫效果产生影响

第一，合作社社会资本可以通过社会支持途径对健康维度贫困产生直接影响。加入合作社，农户就能在更广泛的社会网络中寻求物质、情感和信息方面的社会支持，例如，通过申请合作内部互助资金，抵御大病冲击；通过参与合作社集体活动、更多社员朋友沟通交流、释放不良情绪，改善身心健康；通过异质性更高的合作社社会网络，能够获取更多、更新、更有用的促进身心健康和减轻疾病困扰的信息。第二，合作社社会资本可以通过网络资源和社会闭合两种机制对教育维度贫困产生直接影响。网络资源机制是指，加入合作社，能使农户新建一些社会关系，拓展其社会网络的规模，提升其社会网络的层次，这不仅能使家庭获得更多、更有效的有助于教育获得的网络资源，而且会提升家长使用社会资本促进子女教育获得的意愿。社会闭合机制是指，加入合作社的家庭能够在更大的社会网络中获取信息，更多的信息获取和正向示范效应将有效提升家长对子女学习方面的重视程度，促使家长在子女学习上投入更多的时间和精力。第三，合作社社会资本还可以通过一些机制对生活水平维度贫困产生直接影响。在住房、卫生设施和耐用品等私人物品消费方面，加入合作社能拓展农户社会网络，异质性、高层次社会资本的增加，通过消费的示范效应，会促进农户消费档次的提高。除此之外，在社员需要采购建筑装修材料和家具家电等大件耐用商品时，以服务社员为宗旨的合作社可以帮助农户联系供应商、组织团购获取更多价格折扣。在有关生活水平的清洁燃料、清洁饮用水和电力等公共物品供应方面，合作社社会资本能够将分散的农户集中起来，在公众决策和资源配置中发挥重要作用，在高度信任的合作社中，社员一般愿意共同参

与公共物品的生产和供应，如集资建设沼气池、水窖或小水电站等。第四，合作社社会资本可以通过提高劳动生产率、降低交易成本、促进适宜技术推广、破解融资困难、促进创业和提供就业机会等渠道对提高农户收入发挥积极作用，进而间接影响农户在健康、教育和生活水平等多维度贫困水平。第五，合作社内部潜在社会资本存量中有多大比例能够转化为合作社内部实际社会资本存量，取决于合作社内部网络环境，因此，合作社内部社会资本的多维减贫效果，受到合作社内部网络环境的限制。第六，合作社社会资本并不是对所有社员平等共享的，不同社员动用合作社社会资本的能力差异主要取决于社员对合作社进行的社会资本投资。因此，合作社社会资本对不同贫困社员的多维减贫效果也存在差异，主要受到社员对合作社社会资本动用能力的影响。

（五）湖北和甘肃两省 6 个贫困县的调查数据为合作社社会资本多维减贫机制提供了证据

第一，合作社内部潜在社会资本存量和外部社会资本存量对降低农户健康维度贫困程度均具有显著的正向影响；在合作社内部潜在社会资本存量影响农户健康维度贫困程度过程中，合作社内部网络环境以及社员对合作社社会资本动用能力均起到正向调节作用；在合作社外部社会资本存量影响农户健康维度贫困程度过程中，社员对合作社社会资本动用能力起到正向调节作用。第二，合作社内部潜在社会资本存量对降低农户教育和生活水平维度贫困程度均具有显著的正向影响，但合作社外部社会资本存量对农户教育和生活水平维度贫困程度的影响均不显著；在合作社内部潜在社会资本存量影响农户教育和生活水平维度贫困程度过程中，合作社内部网络环境以及社员对合作社社会资本动用能力均起到正向调节作用；然而，在合作社外部社会资本存量影响农户教育和生活水平维度贫困程度过程中，社员对合作社社会资本动用能力的调节作用并不显著。第三，合作社（内部潜在和外部）社会资本存量对降低农户多维贫困概率和多维贫困程度均具有显著正向影响；在合作社内部潜在社会资本存量影响农户多维贫困概率和多维贫困程度的过程中，合作社内部网络环境以及社员对合作社社会资本动用能力均发挥显著的正向调节作用；在合作社外部社会资本存量影响农户多维贫困概率和多维贫困程度的过程中，社员对合作社社会资本动用能力发挥了显著的正向调节作用。第四，收入在合作社（内部潜在和外部）社会资本存量与农户多维贫困（概率和程度）之间发挥了部分中介作用，即合作社（内部潜在和外部）社会资本存量对农户多维贫困概率和多维贫困程度的影响效应中有一部分是通过收入为桥梁来实现的。

（六）合作社多维减贫的国际经验为我国进一步调整完善相关政策体系提供了宝贵借鉴

在合作社产生和发展的初期，合作社帮助人们摆脱了绝对贫困，并防止其返贫，取得了重大减贫成就。合作社并非穷人的专利，随着经济发展和绝对贫困的减少，合作社会自然转变为中低收入者持续积累经济优势的手段，并倾向于将穷人排除在外。完全由贫困者组成合作社，由于缺乏必要的资源，是难以持续发展的，基于慈善冲动而发起的针对穷人的合作社也是难以持久的。由政府部门负责或干预过多的合作社难以实现预期的政策目标，官僚组织方式会导致合作社缺乏自主权，民主管理也受到限制。当合作社更多地被视为达到减轻贫困和实现发展目标的政策工具，而非以实现成员利益为目标、由成员拥有和控制的组织时，合作社的表现往往难以达到预期。

（七）我国农民合作社的实际发展中忽视了对合作社社会资本的培育

中央文件中将农民合作社定位为带动农户进入市场的基本主体，发展农村集体经济的新型实体，创新农村社会管理的有效载体。2007—

2017年的中央1号文件中，在完善农产品流通体系、提高农业产业化水平、加强农业标准化建设、促进农村生产性服务业发展、推进农村金融体制改革等至少11个重要领域提及发挥农民合作社的作用，自2013年以来，在有关脱贫攻坚的近10个重要文件中涉及发挥农民合作社的作用。然而，农民合作社的实际表现却差强人意。即使在合作社有所发展的很多地区，农民合作社并未得到广大农民的认可，仍有大量农户没有加入合作社，在已经注册的合作社中，有相当数量的合作社不再运营，在运营的合作社中，又有大量合作社是被大股东控制的伪合作社，其本质与投资者控制的企业相差无几，合作社的招牌成为大股东们用来争取优惠政策的幌子。课题组认为，导致这种结果的原因主要在于，十多年来，在我国扶持农民合作社发展的政策体系中缺少了培育合作社社会资本这一重要环节。2007—2020年，我国制定了一系列支持农民合作社发展的政策举措，包括配套法规制定、财政资金支持、税收优惠政策、金融保险支持、人才队伍建设、用地政策倾斜和示范社建设行动7大类。这些政策几乎都是将合作社作为盈利性市场经营主体来设计的，很少有针对合作社俱乐部属性的扶持政策，忽视了社会资本对合作社的重要作用，忽视了合作社首先需要是一个能够为社员提供满意的公共物品（或服务）的俱乐部，才有可能成为一家绩效良好的市场经营主体。

（八）我国脱贫攻坚政策体系仅强调了农民合作社在减轻收入贫困方面的作用，农民合作社的多维减贫潜力还有待进一步开发

我国当前脱贫攻坚政策体系大致可以分为产业发展脱贫、转移就业脱贫、易地搬迁脱贫、教育扶贫、健康扶贫、生态保护扶贫、兜底保障、社会扶贫、提升贫困地区区域发展能力和保障措施10个板块，农民合作社发挥的作用主要以助推产业发展脱贫为主，在其他板块中很少有与农民合作社相关的政策设计。目前，农民合作社主要被定位为有助于提升贫困群体收入水平的一类市场经营主体，在脱贫攻坚中发挥着与

龙头企业、家庭农（林）场和种养大户类似的作用。但实际上具有俱乐部属性的农民合作社的减贫作用远不止于此，在健康、教育、基础设施、人居环境改善等方面的减贫潜力均有待进一步挖掘。

（九）各类合作社在助力脱贫攻坚方面都取得了一定成效，涌现出一些典型案例和好的做法，但同时也存在一些问题

农业公司或农村精英领办型合作社提供给贫困户入股、社内务工的机会较少，主要通过免费赠苗、培训、保护价收购等社外合作的利益联结方式。而贫困户由于技术掌握不到位等原因，种养殖出来的农产品可能达不到合作社的质量标准，导致贫困户参与热情降低，合作社辐射带动贫困户的效果减弱。然而，扶贫资源和扶贫项目大多数仍然由合作社负责经营运作，就导致扶贫资源的配置和使用陷入“精英俘获”困境。党支部或党员干部领办型合作社过于强调合作社的益贫性，忽视合作社以平等服务全体社员为目标的本质属性。同时，村庄经济权力和政治权力的高度集中，既不利于合作社在市场经济环境下的可持续发展，也不利于村党支部在村庄治理、公共服务等方面的功能发挥。贫困户联合领办型合作社适应市场能力较差、规模相对较小、辐射带动能力有限，难以将贫困户和普通农户组织起来提升规模化和市场化，合作社面临可持续发展的困境。

第二节 政策建议

根据本书的核心结论，合作社内、外部社会资本存量既是影响合作社自身发展绩效的关键，也是影响合作社多维减贫效果的关键，因此进一步发挥合作社多维减贫作用的关键在于遵循国际合作社确立的 7 项合作社原则，促进合作社规范化发展。鉴于此，本书提出以下六条政策建议。其中，第一条和第二条旨在维护“自愿和开放成员、民主成员控

制、有限的资本补偿、自治和独立”前四项合作社原则，推动合作社规范化发展，维护社会资本作为合作社组织原则和组织资源的地位；第三、第四、第五条建议分别与“合作社之间的合作、教育培训和信息、关注社区”后三项合作社原则对应，旨在促进合作社社会资本积累，推动合作社健康发展；同时，第四、第五条建议中还涉及合作社在教育、健康和生活水平等维度减贫作用的发挥；第六条建议旨在完善创新合作社助力产业扶贫的政策设计。

（一）明确合作社管理主体责任，建立违规违法合作社长效治理机制，加强外部监管，促进合作社规范化发展

目前我国农村仍然存在一些无农民成员实际参与，无实质性生产经营活动，或因经营不善已停止运行的“空壳”合作社，仍然存在一些以合作社名义骗取套取国家财政奖补和项目扶持资金，或从事非法金融活动的现象，对合作社整体社会形象造成不利影响。建议进一步明确不同类型合作社、不同类型合作业务的监管主体责任，建立治理违规违法合作社的长效机制，加强对合作社违规违法行为的外部监管力度，促进合作社依法规范健康发展。一是建议在合作社登记注册时便明确监管主体责任。合作社在申请注册登记前，根据自身拟开展的主营业务，前往相应的职能部门（农业农村、林草、旅游、水利等）进行审批。相关职能部门对合作社从事相应业务的资格进行审批的同时，也要担负起对合作社后续依法合规发展的监管责任。建议将相关职能部门同意合作社成立并承诺承担监管主体责任的批文作为合作社申请注册登记的必备文件之一，并在工商部门颁发的合作社营业执照中显著标明。虽然这一做法会增加注册登记成本，但却能减少合作社发展出现问题时职能部门之间相互推诿的问题。二是通过对接国家企业信用信息公示系统，市场监管部门定期抽查抽检，和完善群众监督和举报机制等方式，建设合作社运营信息采集和管理系统，利用该系统向农业农村、林草、旅游、水利

等合作社监管部门提示存在经营异常和疑似违法违规行为的合作社名录，要求负有监管主体责任的部门在限期内核实情况，处理问题，并将核实的情况和处置的结果上报合作社运营信息采集和管理系统，将各部门在此项工作中的完成质量作为绩效考核和评优评先的一项依据。三是对存在问题的合作社区分类型，依法依规分类处置。对无农民成员实际参与、无实质性生产经营活动、因经营不善停止运行的合作社，引导其自愿注销；对领取营业执照后未开展经营活动、申请注销登记前未发生债权债务或已将债权债务清算完结的合作社，采用简易注销方式办理注销；对有生产经营活动、运行管理不规范的合作社，通过开展有针对性的法律政策宣传，指导其对照法律法规，完善管理制度，规范办社；对发展遇到困难的合作社，及时跟踪帮扶；对缺乏农民专业合作社组织特征，但符合其他市场主体设立条件的，引导其自愿设立、依法登记，并从政策咨询、经营方式等方面做好指导服务；对涉嫌骗取套取涉农资金补助或中央预算内投资支持项目的，移交财政部门依法查处或由发展改革部门会同有关业务主管部门负责查处；对涉嫌从事非法金融活动的，移交地方金融工作部门会同银保监部门等负责查处。

（二）完善合作社社员权相关立法，健全社员权公力救济渠道和方式，强化内部监督，倒逼合作社规范化发展

修订后的《农民专业合作社法》规定合作社成员享有一系列社员权，具体包括参加成员大会，并享有表决权、选举权和被选举权；利用本社提供的服务和生产经营设施的权利；按照章程规定或者成员大会决议分享盈余的权利；查阅本社的章程、成员名册、成员大会或者成员代表大会记录、理事会会议决议、监事会会议决议、财务会计报告、会计账簿和财务审计报告的权利；以及章程规定的其他权利。如果合作社成员能够充分行使其社员权，那么该合作社大体上就是规范运行的。因此，建议引导支持合作社成员积极维护自身社员权，在保护自身利益不

受侵害的同时，倒逼合作社规范化发展。一是建议对《农民专业合作社法》中有关社员权的规定进行完善和细化，增设社员“异议权”，补充社员权诉权保护的相关规定，出台有关社员权保护的实施细则，适时考虑起草《农民合作社社员权益保护法》。二是加强社员权维权意识和维权手段的宣传教育，通过对投诉举报、提供线索给予适当经济奖励的方式，引导鼓励合作社成员维护自身社员权，关心合作社发展。三是健全社员权行政救济和司法救济的渠道和方式，在“少数人控制”的合作社中，仅靠合作社内部的私力救济方式保护社员权是远远不够的，必须依靠国家行政机关或司法机关运用国家公权力予以保护。建议在乡镇一级政府成立合作社监察队伍，在县市一级政府设立合作社仲裁委员会。合作社监察队主要负责接待合作社成员来信、来访，及时受理对违反农民合作社法律、法规或者规章的行为的举报、投诉；负责对合作社成员反映的情况进行调查取证，并提出处理意见；将无法处理的案件移交合作社仲裁委员会处理。合作社仲裁委员会则负责受理、讨论、处置重大或者疑难的社员权争议案件。如果诉权人不认同仲裁委员会的处理结果，可建议其向人民法院提起诉讼。

（三）扶持合作社联合社发展，协助合作社与高校、科研院所建立互惠合作关系，促进合作社外部社会资本积累，助推合作社提档升级

合作社之间的合作是 7 条合作社原则之一，旨在促进合作社外部社会资本积累，而合作社与高校、科研院所之间建立互惠合作关系则能进一步拓展和提升合作社外部社会网络。因此，建议政府出台相应激励政策支持引导合作社联合社建设以及合作社与高校、科研院所之间的合作。一是建议各地尽快出台《合作社联合社登记管理办法》，印发《合作社联合社示范章程》，已经出台相关文件的地方需在实践中进一步探索完善。二是建议各地扎实推进有关农民合作社联合社的调研、宣传和

培训工作。通过广泛调查和深入研究，不仅要认识到开展社社联合的意义和好处，还要充分了解联合社建立后可能面临的各类风险和挑战，并探讨提出相应的解决预案。向合作社负责人进行宣传发动时，要将成立联合社的利弊讲清楚，将是否联合的决定权留给合作社。鼓励支持有联合意愿的合作社负责人和骨干成员参加多种形式的培训、学习和交流活动，相关部门做好联系、协调和组织工作，可以给予一定补贴。三是建议各地加大对农民合作社联合社的政策支持力度，将联合社及其成员合作社作为农业扶持资金的重点支持对象，对联合社及成员合作社开展的农产品购销、加工、储运和农资购销、商品流通等合作经营活动，按规定进行税收减免，涉农部门和财政、税务、国土等部门应制定支持联合社发展的具体政策并落实到位，金融部门在落实已有的扶持合作社发展的金融政策时，应酌情向联合社建设倾斜。四是建议各省有关部门协同开发农村新型经营主体与高校、科研院所的合作信息平台，将合作社等新型经营主体在技术、人才等方面的需求与科研院所在相应领域的供给更好地匹配起来，为农民合作社与科研院所之间的合作提供信息传递和协调组织服务。五是建议各地政府安排一定数量的财政预算对合作社与高校、科研院所开展技术合作进行资金补助，教育和科技主管部门出台相应的激励政策对长期与农村新型经济主体开展互惠合作并取得显著成效的个人和集体给予表彰和奖励。

（四）引导支持合作社主办各类教育培训和信息交流活动，提升成员参与度和归属感，促进合作社内部社会资本积累，创新发展多维扶贫政策体系

教育、培训和信息传播是7条合作社原则之一。以满足成员教育和信息需求为目的，由合作社自发主办的教育培训和信息交流活动，既能提升成员对合作社的参与度和归属感，促进合作社内部社会资本积累，还能切实提升成员人力资本，发挥多维减贫作用。因此，建议转变过去

“政府主办，农民参与”的农村教育培训模式，鼓励和支持合作社自发主办各类教育培训和信息交流活动，政府部门负责做好指导和保障工作。一是各级合作社管理和指导部门应积极引导合作社通过组织各类教育培训和信息交流活动的方式来凝心聚力，提升合作社内部社会资本存量。培训和交流内容不拘泥于农业生产，以满足合作社成员的共同生产生活需要为宗旨，有关饮食搭配、心理健康、急救知识、慢性病防护、育婴知识和子女教育等方面的内容也可以通过合作社征求和收集成员意见后，编写年度教育培训和信息交流活动计划，提交乡镇合作社指导部门，请求予以支持。乡镇合作社指导部门对辖区内合作社申报的活动计划进行分类汇总后，提交县级合作社指导部门。县级合作社指导部门进行统筹规划，制订全县合作社教育培训和信息交流活动的支持方案，安排经费预算，并向市级合作社指导部门提交专家聘请计划。二是建议各省党委和政府大力号召广大高等院校、科研院所以及各领域的专家学者和业务骨干投身于农村合作教育事业，根据广大农民群众的实际需求，开发一批农民群众“听得懂、乐意听”的实用性课程。省级合作社指导部门负责建设和完善相应的专家库和课程库，并负责根据各市州提交的专家聘请计划进行人员、时间、巡讲路线等方面的协调与安排，帮助合作社解决培训讲师难寻的问题。三是建议完善合作社教育培训相关支持政策，防止部分合作社以开展教育培训活动的名义骗取财政资金和其他公共资源。建议省级财政安排专项资金用于向培训专家发放劳务费，该经费由省级合作社指导部门负责使用，必须按照培训计划的实际完成情况，直接转入培训专家账户。各县市根据自身实际情况在县域内选择若干闲置的、适合的场地，改造后免费借给合作社用于开展教育、培训和交流活动，原则上同一场地由多家合作社共同使用和维护，不得随意改变场地用途。

（五）引导合作社关心助力农村社区发展，支持合作社参与贫困地区农村社区生产生活条件改善，提升贫困地区区域发展能力

社区是合作社发展的基地，因此国际合作社联盟将“关心社区发展”确立为7条合作社原则之一。只有植根于可持续发展的农村社区，合作社社会资本才能不断积累壮大，合作社的竞争力才能得以提升。但目前中国大部分农民合作社的负责人还没能形成这种意识。因此，需要政府加以引导，并提供相应的政策支持。尤其在贫困地区，如果合作社能够主动参与改善农村社区的生产生活条件，那么对合作社发展和贫困户脱贫都会大有裨益。因此，本书提出以下建议：一是通过宣传教育，引导合作社主动关心社区发展，自愿投身于社区建设；二是鼓励合作社参与村级道路、分散供水、小水电、太阳能、风能、沼气、光伏发电等工程的前期建设和后期管护，对参与贫困村上述工程的合作社和吸纳贫困户参与上述工程的合作社给予政策倾斜；三是鼓励现有合作社投资建立农村社区服务公司或增设农村社区合作式服务业务，开展饮用水水源保护、生活污水和垃圾处理、畜禽养殖污染治理、农村面源污染治理、公共设施和村级绿化的管护等人居环境整治业务，运行经费主要来源于向社区居民收取的服务费、合作社提取的公积金和政府财政资金三个渠道，对在贫困村开展上述业务的合作社和吸纳贫困户从事相关工作的合作社予以财政补贴。

（六）完善合作社助力产业扶贫的政策体系，防范化解合作经营风险，强化合作社与贫困户的利益联结机制

产业扶贫是脱贫攻坚的长久之计，作为新型经营主体，合作社在产业扶贫中的作用不可或缺。因此，建议进一步完善合作社助力产业扶贫

的政策体系。一是要落实好现有政策。鼓励大型零售超市与贫困老区合作社开展农超对接，各地合作社指导部门可通过开办合作社农产品展销会、推介会等方式发挥牵线搭桥作用；支持合作社开展原料基地、农产品加工、营销平台等生产流通设施建设，带动贫困户就近就业，针对农村第二、第三产业经营性建设用地缺乏瓶颈，建议进一步创新落实扶贫开发用地政策；支持农民合作社和其他经营主体通过土地托管、牲畜托养和吸收农民土地经营权入股等方式，带动贫困户增收，完善相应的监察机制，确保资产性收益能按时足额地发放到贫困户手中；发挥大型电商企业孵化带动作用，支持有意愿的贫困户和带动贫困户的农民专业合作社开办网上商店，针对一些贫困户和带贫合作社“不会开网店”或“网店开起来却无人问津”的问题，鼓励电商企业组织相关培训和经验交流，以及开展“一对一”定点帮扶活动；鼓励加大对带贫成效突出的农民合作社的信贷支持力度，支持互联网金融创新企业与银行、政府等多方合作，研究使用大数据技术对合作社进行信用评价的方法，扩大合作社贷款担保抵押物范围，探索利用多层次资本市场为合作社提供商业性融资支持。二是要尽可能防范化解产业扶贫中的合作经营风险。采用以合作社为载体带动贫困户脱贫的经营模式时，若企业将注意力过分集中于争取扶贫资金，而忽视帮扶责任，或贫困户过分依赖合作社帮扶，都会导致合作经营风险。首先要通过教育引导、扶智扶志等手段，激发贫困群体脱贫争先的志气，然后要完善对扶贫合作社的筛选和监管机制，通过动员会、现场会等宣讲培训，增强合作社承担公益事业的责任意识，通过建立健全督查考核机制，分类考核合作社带动吸纳贫困户数量和增收金融等扶贫成效指标，坚持奖优罚劣；推广财政资金以股权方式支持合作社发展试点经验，探索建立有关股权资金商业化退出机制，积极吸引第三方社会资金承接财政性股权资本、参与项目经营，最大限度地利用财政资金撬动社会资本；进一步强化财政资金使用的事中事后审计和问责。三是要进一步强化合作社与贫困户的利益联结机制。

推广将财政专项扶贫资金和其他涉农资金投入项目形成的资产交由合作社经营管护，并折股量化给贫困村和贫困户的做法；鼓励合作社更多采用吸收贫困户入股和提供社内务工岗位等利益联结程度较高的方式，代替赠苗、培训、保护价收购等社外合作方式带动贫困户。

参考文献

［1］安素霞．社会资本对人力资本的整合效应［J］．中国人口科学，2005（S1）：111－114.

［2］边燕杰．城市居民社会资本的来源及作用：网络观点与调查发现［J］．中国社会科学，2004（3）：136－146.

［3］边燕杰，李煜．中国城市家庭的社会网络资本［J］．清华社会学评论，2001（2）：1－18.

［4］边燕杰等．社会网络与地位获得［M］．北京：社会科学文献出版社，2012.

［5］布厄迪，帕斯隆．继承人：大学生与文化［M］．北京：商务印书馆，2002.

［6］曾亿武，陈永富，郭红东．先前经验、社会资本与农户电商采纳行为［J］．农业技术经济，2019（3）：38－48.

［7］陈成文，王修晓．人力资本、社会资本对城市农民工就业的影响——来自长沙市的一项实证研究［J］．学海，2004（6）：70－75.

［8］陈立中．转型时期我国多维度贫困测算及其分解［J］．经济评论，2008（5）：5－10.

［9］池上新．村落共同体社会资本的构成及其相互作用［J］．中国农村观察，2013（4）：22－30.

［10］杜吟棠，潘劲．我国新型农民合作社的雏形——京郊专业合作组织案例调查及理论探讨［J］．管理世界，2000（1）：161－168.

[11] 方黎明，谢远涛. 人力资本、社会资本与农村已婚男女非农就业 [J]. 财经研究，2013 (8)：122 – 132.

[12] 高明，唐丽霞. 多维贫困的精准识别——基于修正的 FGT 多维贫困测量方法 [J]. 经济评论，2018 (2)：30 – 43.

[13] 高艳云. 中国城乡多维贫困的测度及比较 [J]. 统计研究，2012 (11)：61 – 66.

[14] 戈锦文，范明，肖璐. 社会资本对农民合作社创新绩效的作用机理研究——吸收能力作为中介变量 [J]. 农业技术经济，2016 (1)：118 – 127.

[15] 郭建宇，吴国宝. 基于不同指标及权重选择的多维贫困测量——以山西省贫困县为例 [J]. 中国农村经济，2012 (2)：12 – 20.

[16] 郭君平，谭清香，曲颂. 进城农民工家庭贫困的测量与分析——基于“收入—消费—多维”视角 [J]. 中国农村经济，2018 (9)：94 – 109.

[17] 郭熙保，周强. 长期多维贫困、不平等与致贫因素 [J]. 经济研究，2016 (6)：143 – 156.

[18] 郭云南，姚洋，Jeremy Foltz. 宗族网络、农村金融与平滑消费：来自中国 11 省 77 村的经验 [J]. 中国农村观察，2012 (1)：32 – 45.

[19] 郭云南，姚洋. 宗族网络与农村劳动力流动 [J]. 管理世界，2013 (3)：69 – 81.

[20] 国鲁来. 合作社制度及专业协会实践的制度经济学分析 [J]. 中国农村观察，2001 (4)：36 – 48.

[21] 贺寨平. 社会网络与生存状态——农村老年人社会支持网研究 [M]. 北京：中国社会科学出版社，2004.

[22] 侯亚景. 中国农村长期多维贫困的测量、分解与影响因素分析 [J]. 统计研究，2017 (11)：86 – 97.

[23] 胡荣．社会经济地位与网络资源［J］．社会学研究，2003（5）：58－69.

[24] 黄祖辉，邵科．合作社的本质规定性及其漂移［J］．浙江大学学报（人文社会科学版），2009（4）：11－16.

[25] 黄祖辉．中国农民合作组织发展的若干理论与实践问题［J］．中国农村经济，2008（11）：4－7.

[26] 鞠立瑜，傅新红，杨锦秀，庄天慧．农民专业合作社社长的内部社会资本状况分析——基于四川省116位社长的调查［J］．农业技术经济，2012（4）：37－43.

[27] 李冰冰，王曙光．社会资本、乡村公共品供给与乡村治理——基于10省17村农户调查［J］．经济科学，2013（3）：61－71.

[28] 李博，张全红，周强，Mark Yu. 中国收入贫困和多维贫困的静态与动态比较分析［J］．数量经济技术经济研究，2018（8）：39－55.

[29] 李恒．中国农村家庭社会资本的结构与绩效——基于山东、河南、陕西三省调查［J］．农业经济问题，2015（9）：39－45.

[30] 李红玲．农民专业合作组织的多元扶贫逻辑与公共治理［J］．贵州社会科学，2014（7）：133－137.

[31] 李红玲．农民专业合作组织的社会资本扶贫逻辑［J］．贵州社会科学，2013（3）：113－117.

[32] 李华，李志鹏．社会资本对家庭“因病致贫”有显著减缓作用吗？——基于大病冲击下的微观经验证据［J］．财经研究，2018（6）：77－93.

[33] 李庆海，吕小锋，李成友，何婧．社会资本对农户信贷违约影响的机制分析［J］．农业技术经济，2018（2）：104－118.

[34] 李庆海，吕小锋，李锐，孙光林．社会资本能够缓解农户的正规和非正规信贷约束吗？基于四元Probit模型的实证分析［J］．南开

经济研究，2017（5）：77－98.

［35］李树良．非农工作经历、社会资本与农民享受型耐用品消费［J］．贵州财经大学学报，2017（5）：100－110.

［36］李晓嘉，蒋承，胡涟漪．民生性财政支出对我国家庭多维贫困的影响研究［J］．数量经济技术经济研究，2019（11）：160－177.

［37］李晓嘉，蒋承．农村减贫：应该更关注人力资本还是社会资本？［J］．经济科学，2018（5）：68－80.

［38］梁巧，吴闻，刘敏，卢海阳．社会资本对农民合作社社员参与行为及绩效的影响［J］．农业经济问题，2014（11）：71－79.

［39］廖进中，韩峰，张文静，徐荻迪．长株潭地区城镇化对土地利用效率的影响［J］．中国人口·资源与环境，2010（2）：30－36.

［40］廖媛红．农民专业合作社的内部社会资本与绩效关系研究［J］．农村经济，2011（7）：126－129.

［41］廖媛红．农民专业合作社的社会资本与绩效之间的关系研究［J］．东岳论丛，2015（8）：128－135.

［42］廖媛红．农民专业合作社内部社会资本对成员满意度的影响——以管理正规化程度为调节变量［J］．经济社会体制比较，2012（5）：169－182.

［43］廖运凤．对合作制若干理论问题的思考［J］．中国农村经济，2004（5）：4－9.

［44］林坚，王宁．公平与效率：合作社组织的思想宗旨及其制度安排［J］．农业经济问题，2002（9）：46－49.

［45］刘彬彬，陆迁，李晓平．社会资本与贫困地区农户收入——基于门槛回归模型的检验［J］．农业技术经济，2014（11）：40－51.

［46］刘军．法村社会支持网络——一个整体研究的视角［M］．北京：社会科学文献出版社，2006.

［47］刘一伟，汪润泉．收入差距、社会资本与居民贫困［J］．数

量经济技术经济研究，2017（9）：75－92.

［48］卢海阳，郑旭媛．禀赋差异、议价能力与农民工工资——来自中国劳动力动态调查的证据［J］．农业技术经济，2019（6）：97－106.

［49］卢海阳，郑逸芳，钱文荣．农民工融入城市行为分析——基于1632个农民工的调查数据［J］．农业技术经济，2016（1）：26－36.

［50］陆铭，张爽，佐藤宏．市场化进程中社会资本还能够充当保险机制吗？——中国农村家庭灾后消费的经验研究［J］．世界经济文汇，2010（1）：16－38.

［51］马光荣，杨恩艳．社会网络、非正规金融与创业［J］．经济研究，2011（3）：83－94.

［52］米松华，李宝值，朱奇彪．农民工社会资本对其健康状况的影响研究——兼论维度差异与城乡差异［J］．农业经济问题，2016（9）：42－53.

［53］聂富强，崔亮，艾冰．贫困家庭的金融选择：基于社会资本视角的分析［J］．财贸经济，2012（7）：49－55.

［54］牛若峰．立法要体现合作经济的性质和特点［J］．调研世界，2004（4）：6－7.

［55］潘劲．中国农民专业合作社：数据背后的解读［J］．中国农村观察，2011（6）：2－11.

［56］彭文慧，李恒．社会资本的差异分配与农村减贫——基于山东、河南、陕西三省的调查分析［J］．经济学家，2018（9）：98－104.

［57］任大鹏，郭海霞．多主体干预下的合作社发展态势［J］．农村经营管理，2009（3）：22－24.

［58］阮丹青，周路，布劳、魏昂德．天津城市居民社会网分析［M］．中国社会科学，1990（2）．

[59] 沈扬扬，Sabina Alkire，詹鹏．中国多维贫困的测度与分解［J］．南开经济研究，2018（5）：3－18.

[60] 史恒通，赵伊凡，吴海霞．社会资本对多维贫困的影响研究——来自陕西省延安市513个退耕农户的微观调查数据［J］．农业技术经济，2019（1）：86－99.

[61] 史雨星，姚柳杨，赵敏娟．社会资本对牧户参与草场社区治理意愿的影响——基于Triple－Hurdle模型的分析［J］．中国农村观察，2018（3）：35－50.

[62] 苏小松，何广文．农户社会资本对农业生产效率的影响分析——基于山东省高青县的农户调查数据［J］．农业技术经济，2013（10）：64－72.

[63] 孙博文，李雪松，伍新木．社会资本的健康促进效应研究［J］．中国人口科学，2016（6）：98－106.

[64] 孙颖，林万龙．市场化进程中社会资本对农户融资的影响——来自CHIPS的证据［J］．农业技术经济，2013（4）：26－34.

[65] 唐为，陆云航．社会资本影响农民收入水平吗——基于关系网络、信任与和谐视角的实证分析［J］．经济学家，2011（9）：77－85.

[66] 王春超，叶琴．中国农民工多维贫困的演进——基于收入与教育维度的考察［J］．经济研究，2014（12）：159－174.

[67] 王恒彦，卫龙宝，郭延安．农户社会资本对农民家庭收入的影响分析［J］．农业技术经济，2013（10）：28－38.

[68] 王小林，Sabina Alkire. 中国多维贫困测量：估计和政策含义［J］．中国农村经济，2009（12）：4－10.

[69] 尉建文，赵延东．权力还是声望？——社会资本测量的争论与验证［J］．社会学研究，2011（3）：64－83.

[70] 温兴祥，文凤，叶林祥．社会资本对农村中老年人精神健康

的影响——基于 CHARLS 数据的实证研究［J］. 中国农村观察，2017（4）：130 – 144.

［71］温忠麟，叶宝娟. 中介效应分析：方法和模型发展［J］. 心理科学进展，2014（5）：731 – 745.

［72］温忠麟，张雷，侯杰泰，刘红云. 中介效应检验程序及其应用［J］. 心理学报，2004（5）：614 – 620.

［73］吴本健，郭晶晶，马九杰. 社会资本与农户风险的非正规分担机制：理论框架与经验证据［J］. 农业技术经济，2014（4）：4 – 13.

［74］谢家智，车四方. 农村家庭多维贫困测度与分析［J］. 统计研究，2017（9）：44 – 55.

［75］徐伟，章元，万广华. 社会网络与贫困脆弱性——基于中国农村数据的实证分析［J］. 学海，2011（4）：122 – 128.

［76］徐旭初. 合作社的本质规定性及其它［J］. 农村经济，2003（8）：38 – 40.

［77］徐旭初. 农民专业合作社发展辨析：一个基于国内文献的讨论［J］. 中国农村观察，2012（5）：2 – 12.

［78］许承明，张建军. 社会资本、异质性风险偏好影响农户信贷与保险互联选择研究［J］. 财贸经济，2012（12）：63 – 70.

［79］许兴龙，周绿林，陈羲. 城镇化背景下失地农民社会资本异质性与其健康状况［J］. 中国农村观察，2017（5）：74 – 86.

［80］严奉宪，张琪. 社会资本对农业减灾公共品支付意愿的影响——基于湖北省三个县的实证研究［J］. 农业经济问题，2017（6）：56 – 63.

［81］叶静怡，薄诗雨，刘丛，周晔馨. 社会网络层次与农民工工资水平——基于身份定位模型的分析［J］. 经济评论，2012（4）：31 – 42.

[82] 叶静怡，周晔馨．社会资本转换与农民工收入——来自北京农民工调查的证据［J］．管理世界，2010（10）：34－46.

[83] 应瑞瑶，何军．中国农业合作社立法若干理论问题研究［J］．农业经济问题，2002（7）：2－7.

[84] 应瑞瑶．合作社的异化与异化的合作社——兼论中国农业合作社的定位［J］．江海学刊，2002（6）：69－75.

[85] 苑鹏．试论合作社的本质属性及中国农民专业合作经济组织发展的基本条件［J］．农村经营管理，2006（8）：16－21.

[86] 苑鹏．中国农村市场化进程中的农民合作组织研究［J］．中国社会科学，2001（6）：63－73.

[87] 张静，朱玉春．产业融合、社会资本和科技创业减贫［J］．农业技术经济，2019（11）：74－82.

[88] 张连刚，柳娥．组织认同、内部社会资本与合作社成员满意度——基于云南省263个合作社成员的实证分析［J］．中国农村观察，2015（5）：39－50.

[89] 张全红，李博，周强．中国多维贫困的动态测算、结构分解与精准扶贫［J］．财经研究，2017（4）：31－40.

[90] 张全红，李博，周强．中国农村的贫困特征与动态转换：收入贫困和多维贫困的对比分析［J］．农业经济问题，2019（12）：31－42.

[91] 张全红，周强．中国多维贫困的测度及分解：1989—2009年［J］．数量经济技术经济研究，2014（6）：88－101.

[92] 张全红，周强．中国贫困测度的多维方法和实证应用［J］．中国软科学，2015（7）：29－41.

[93] 张爽，陆铭，章元．社会资本的作用随市场化进程减弱还是加强？——来自中国农村贫困的实证研究［J］．经济学（季刊），2007（2）：539－560.

［94］张文宏，阮丹青，潘允康．天津农村居民的社会网［J］．社会学研究，1999（2）：110－120.

［95］张晓山．农民专业合作社的发展趋势探析［J］．管理世界，2009（5）：89－96.

［96］张晓山．中国发展农民合作社的实践与合作社的基本原则［J］．经济研究参考，1999（75）：30－31.

［97］章元，Mouhoud，范英．异质的社会网络与民工工资：来自中国的证据［J］．南方经济，2012（2）：3－14.

［98］章元，陆铭．社会网络是否有助于提高农民工的工资水平?［J］．管理世界，2009（3）：45－54.

［99］赵剑治，陆铭．关系对农村收入差距的贡献及其地区差异——一项基于回归的分解分析［J］．经济学（季刊），2010（1）：363－390.

［100］赵凌云，王永龙．社会资本理论视野下的农民专业合作组织建设——浙北芦溪村农民青鱼专业合作社的个案研究［J］．当代经济研究，2008（8）：51－55.

［101］赵延东，洪岩璧．社会资本与教育获得——网络资源与社会闭合的视角［J］．社会学研究，2012（5）：47－69.

［102］赵延东，王奋宇．城乡流动人口的经济地位获得及决定因素［J］．中国人口科学，2002（4）：10－17.

［103］赵延东．求职者的社会网络与就业保留工资——以下岗职工再就业过程为例［J］．社会学研究，2003（4）：51－60.

［104］周广肃，樊纲，申广军．收入差距、社会资本与健康水平——基于中国家庭追踪调查（CFPS）的实证分析［J］．管理世界，2014（7）：12－21.

［105］周晔馨，叶静怡．社会资本在减轻农村贫困中的作用：文献述评与研究展望［J］．南方经济，2014（7）：35－57.

[106] 周晔馨. 社会资本是穷人的资本吗? ——基于中国农户收入的经验证据 [J]. 管理世界, 2012 (7): 83-95.

[107] 周晔馨. 社会资本在农户收入中的作用——基于中国家计调查 (CHIPS2002) 的证据 [J]. 经济评论, 2013 (4): 47-57.

[108] 周玉龙, 孙久文. 社会资本与农户脱贫——基于中国综合社会调查的经验研究 [J]. 经济学动态, 2017 (4): 16-29.

[109] 朱红根, 解春艳. 农民工返乡创业企业绩效的影响因素分析 [J]. 中国农村经济, 2012 (4): 36-46.

[110] ABDUL-HAKIM R, ABDUL-RAZAK N A, ISMAIL R. *Does social capital reduce poverty? A case study of rural households in Terengganu, Malaysia* [J]. *European journal of social science*, 2002, 3-4 (14): 556-567.

[111] ADLER P, KWON S. *Social capital: prospects for a new concept* [J]. *Academy of management review*, 2000, 27 (1): 17-40.

[112] AKERLOF G A, KRANTON R E. *Economics and identity* [J]. *The quarterly journal of economics*, 2000, 115 (3): 715-753.

[113] ALCHIAN A, DEMSETZ H. *Production, information costs, and economic organization* [J]. *American economic review*, 1972, 62: 777-795.

[114] ALKIRE S. *The missing dimensions of poverty data: introduction to the special issue* [J]. *Oxford development studies*, 2007, 35 (4): 347-359.

[115] ALKIRE S. *Choosing dimensions: the capability approach and multidimensional poverty* [J]. *MPRA working paper No.* 8862, 2008.

[116] ALKIRE S, FOSTER J E. *Counting and multidimensional poverty measurement* [J]. *Journal of public economics*, 2011, 95 (7): 476-487.

[117] ALKIRE S, FOSTER J E. *Understandings and misunderstandings of multidimensional poverty measurement* [J]. *Journal of economic inequality*, 2011, 9 (2): 289-314.

[118] ALKIRE S, FOSTER J E, SETH S, et al. *Multidimensional poverty measurement and analysis* [M]. *Oxford: Oxford university press*, 2015.

[119] ALKIRE S, SANTOS M E. *Measuring acute poverty in the developing world: robustness and scope of the multidimensional poverty index* [J]. *World development*, 2014, 59: 251 – 274.

[120] ALMEDOM A M. *Social capital and mental health: an interdisciplinary review of primary evidence* [J]. *Social science and medicine*, 2005, 65 (5): 943 – 964.

[121] BANDIERA O, RASUL I. *Social networks and technology adoption in northern Mozambique* [J]. *The economic journal*, 2006, 116 (514): 869 – 902.

[122] BECKMANN V. *Transaktionskosten und institutionelle wahl in der landwirtschaft: Zwischen markt, hierarchie und kooperation* [M]. *Berliner Schrifterreihe zur Kooperationsforschung* (5), Berlin: Edition Sigma, 2000.

[123] BENJAMIN D, BRANDT L, GLEWWE P, et al. *Markets, human capital, and inequality: evidence from rural China* [M]. *FREEMAN R B. Inequality around the world.* New York: Palgrave Macmillan, 2002.

[124] BETTI G, CHELI B, LEMMI A, et al. *The fuzzy set approach to multidimensional poverty: the case of Italy in the* 1990*s* [M]. KAKWANI N. SILBER J. Quantitative approaches to multidimensional poverty measurement. London: Palgrave Macmillan, 2008.

[125] BIBBY A, SHAW L. *Making a difference: co – operative solutions to global poverty* [M]. London: Co – operative college, 2005.

[126] BIRCHALL J. *Cooperative values, principles and practices: a commentary* [J]. *Journal of cooperative studies*, 1997, 30 (2): 42 – 69.

[127] BIRCHALL J. *Rediscovering the cooperative advantage: poverty reduction through self – help* [M]. Geneva: International labor organization, 2003.

[128] BIRCHALL J. *Cooperatives and the millennium development goals* [M]. Geneva: international labor organization, 2004.

[129] BIRCHALL J, SIMMONS R. *The role and potential of co – operatives in the poverty reduction process* [R]. Swindon: ESRC, 2008.

[130] BIRCHALL J, SIMMONS R. *Cooperatives and poverty reduction: evidence from Sri Lanka and Tanzania* [M]. Oldham: cooperative college, 2009.

[131] BONUS H. *The cooperative association as a business enterprise: a study in the economics of transactions* [J]. *Journal of institutional and theoretical economics*, 1986, 142: 310 – 399.

[132] BORGEN S. *Rethinking incentive problems in cooperative organizations* [J]. *Norwegian Agricultural Economics Research Institute, Working paper No.* 25, 2003.

[133] BOURDIEU P. *The forms of social capital* [M]. Handbook of theory and research for the sociology of education. Greenwood Press, 1986, 241 – 258.

[134] BOURGUIGNON F, CHAKRAVARTY S R. *The measurement of multidimensional poverty* [J]. *Journal of economic inequality*, 2003, 1: 25 – 49.

[135] BOXMAN E A W, DE GRAAF P M, FLAP H D. *The impact of social and human capital on the income attainment of Dutch managers* [J]. *Social networks*, 1991, 13 (1): 51 – 73.

[136] BRAVERMAN A, GUASCH L, HUPPI M, et al. *Promoting rural cooperatives in developing countries: the case of Sub – Saharan Africa* [M]. Washington, DC: World Bank, 1991.

[137] BREHM J, RAHN W. *Individual – level evidence for the causes and consequences of social capital* [J]. *American journal of political science*, 1997, 41 (3): 999 – 1023.

[138] BURT R S. *Network items in the general social survey* [J]. *Social networks*, 1984, 6 (4): 293 – 339.

[139] BURT R S. *Structural holes: the social structure of competition* [M]. Cambridge: Harvard University Press, 1992.

[140] CAMPBELL K E, MARSDEN P V, HURLBERT J S. *Social resources and socioeconomic status* [J]. *Social networks*, 1986, 8 (1): 97 – 117.

[141] CARBONARO W J. *A Little help from my friend's parents: intergenerational closure and educational outcomes* [J]. *Sociology of education*, 1998, 71 (4): 295 – 313.

[142] CHAKRAVARTY S R, MUKHERJEE D, RANADE R. *On the family of subgroup and factor decomposable measures of multidimensional poverty* [J]. *Research on economic inequality*, 1998, 18: 175 – 194.

[143] CHAKRAVARTY S R, DEUTSCH J, SILBER J. *On the Watts multidimensional poverty index* [C]. The many dimensions of poverty international conference, UNDP International Poverty Centre, 2005.

[144] CHAMBERS R. *Poverty and livelihoods: whose reality counts* [J]. *Economic review*, 1995, 11 (2): 357 – 382.

[145] CHANTARAT S, BARRETT C. *Social network capital, economic mobility and poverty traps* [J]. *Journal of economic inequality*, 2012, 10: 299 – 342.

[146] CLEAVER F. *The Inequality of social capital and the reproduction of chronic poverty* [J]. *World development*, 2005, 33 (6): 893 – 906.

[147] COLEMAN J. *Social capital in the creation of human capital* [J]. *American journal of sociology*, 1988, 94 (supplement): S95 – S120.

[148] COLEMAN J. *Equality and achievement in education* [M]. San Francisco, London: Westview Press, 1990.

[149] COLEMAN J. *Foundations of social theory* [M]. Cambridge:

The Belknap Press, 1990.

[150] COLLIER P. *Social capital and poverty: a microeconomic perspective* [M]. GROOTAERT C, VAN BASTELAER T. The role of social capital in development. Cambridge: Cambridge Press, 2002.

[151] DE GRAAF N, FLAP H. *With a little help from my friends: social resources as an explanation of occupational status and income in west Germany, the Netherlands, and the United States* [J]. *Social forces*, 1988, 67 (2): 452 -472.

[152] DECANCQ K, LUGO M A. *Weights in multidimensional indices of wellbeing: an overview* [J]. *Econometric reviews*, 2013, 32 (1): 7 -34.

[153] DELATTRE E, SABATIER M. *Social capital and wages: an econometric evaluation of social networking's effects* [J]. *Labour*, 2007, 21 (2): 209 -236.

[154] DEVELTERE P, POLLET I, WANYAMA F. *Cooperating out of poverty: the renaissance of the African cooperative movement* [R]. Dar es Salaam, ILO, World Bank Institute, 2005.

[155] DFID. *Cooperatives, growth, poverty reduction and community wellbeing: how to leverage the cooperative movement for poverty reduction* [J]. *DFID policy division info series No.* 067. *United Kingdom, Department for International Development*, 2005.

[156] DHONGDE S, HAVEMAN R. *Multi - dimensional deprivation in the U. S* [J]. *Social indicators research*, 2017, 133 (2): 477 -500.

[157] DIPASQUALE D, GLAESER E L. *Incentives and social capital: are homeowners better citizens* [J]. *Journal of urban economics*, 1999, 45 (2): 354 -384.

[158] DOLFIN S, GENICOT G. *What do networks do? The role of networks on migration and "Coyote" use* [J]. *Review of development economics*,

2010, 14 (2): 343 - 359.

[159] DRAHEIM, G. *Die genossenschaft als unternehmungstyp* [M]. Goettingen: Vandenhoeck & Ruprecht, 1955.

[160] DUFLO E, GREENSTONE M, GUITERAS R P, et al. *Toilets can work: Short and medium run health impacts of addressing complementarities and externalities in water and sanitation* [J]. *Becker Friedman institute for research in economics working paper No.* 2654864, 2015.

[161] DYER J H, SINGH H. *The relational view: cooperative strategy and sources of inter - organisational competitive advantage* [J]. *Academy of management review*, 1998, 23: 660 - 679.

[162] ELDRIDGE J E. *Non - government organizations and democratic participation in Indonesia* [M]. Oxford : Oxford University Press, 1995.

[163] FAFCHAMPS M, MINTEN B. *Social capital and agricultural trade* [J]. *American journal of agricultural economics*, 2001, 83 (3): 680 - 685.

[164] FAFCHAMPS M, GUBERT F. *The formation of risk sharing networks* [J]. *Journal of development economics*, 2007, 83 (2): 326 - 350.

[165] FAFCHAMPS M, LUND S. *Risk - sharing networks in rural Philippines* [J]. *Journal of development economics*, 2003, 71 (2): 261 - 287.

[166] FIELD J. *Social capital* [M]. London, New York: Routledge, 2003.

[167] FIORILLO D, SABATINI F. *Quality and quantity: the role of social interactions in self - reported individual health* [J]. *Social science & medicine*, 2011, 73 (11): 1644 - 1652.

[168] FISCHER C S. *To dwell among friends: personal networks in town and city* [M]. Chicago: University of Chicago Press, 1982.

[169] FOLLAND S. *An economic model of social capital and health*

[J]. *Health economics, policy and law*, 2008, 3: 333-348.

[170] FOSTER J E, MCGILLIVRAY M, SETH S. *Rank robustness of composite indices* [J]. *Econometric reviews*, 2013, 32 (1): 33-56.

[171] FUCHS V. *Redefining poverty and redistributing income* [J]. *The public interest*, 1967, 8: 88-95.

[172] FUKUYAMA F. *Social capital and the global economy* [J]. *Foreign affairs*, 1995, 74 (5): 89-103.

[173] FUKUYAMA F. *The great disruption* [M]. New York: Simon and Schuster, 1999.

[174] FUKUYAMA F. *Social capital, civil society and development* [J]. *Third World Quarterly*, 2000, 22 (1): 7-20.

[175] GERTLER P, LEVINE D I, MORETTI E. *Is social capital the capital of the poor? The role of family and community in helping insure living standards against health shocks* [J]. *CESifo economic studies*, 2006, 52 (3): 455-499.

[176] GIORDANO G N, BJÖRK J, LINDSTRÖM M. *Social capital and self-rated health: a study of temporal (causal) relationships* [J]. *Social science and medicine*, 2012, 75 (2): 340-348.

[177] GITTELL R, VIDAL A. *community organizing: building social capital as a development strategy* [M]. *Thousand oaks: sage*, 1998.

[178] GRADSTEIN M, JUSTMAN M. *Human capital, social capital and public schooling* [J]. *European economic review*, 2000, 44 (4-6): 879-890.

[179] GROOTAERT C. *Social capital, household welfare and poverty in Indonesia* [J]. *Local level institutions working paper*, *No. 6*, *Washington D. C.: World Bank*, 1999.

[180] GROOTAERT C. *Does social capital help the poor: a synthesis*

findings from the local level institutions studies in Bolivia, Burkina Faso and Indonesia [J]. *Local level institutions working paper, No.10, Washington D. C.: World Bank*, 2001.

[181] GROOTAERT C, BASTLAER T. *Understand and measuring social capital* [M]. Washington D. C.: World Bank, 2002.

[182] GROOTAERT C, OH G, SWAMY A V. *Social capital, household welfare and poverty in Burkina Faso* [J]. *Journal of African economies*, 2002, 11 (1): 4-38.

[183] HAGAN J, MILLAN R M, WHEATON B. *New kid in town: Social capital and the life course effects of family migration on children* [J]. *American sociological review*, 1996, 61 (3): 368-385.

[184] HALPERN D. *Social Capital* [M]. Cambridge, Malden, Mass: Polity Press, 2005.

[185] HANIFAN L J. *The rural school community center* [J]. *The annals of the American academy of political and social science*, 1916, 67: 130-138.

[186] HARPHAM T. *The measurement of community social capital through surveys* [M]. KAWACHI I, SUBRAMANIAN S, KIM D. Social capital and health. New York: Springer, 2008.

[187] HAUGHTON J H, KHANDKER S. *Handbook on poverty and inequality* [M]. Washington D. C.: Word bank, 2009.

[188] HO S E, WILLAMS J D. *Effects of parental involvement on Eighth-grade achievement* [J]. *Sociology of education*, 1996, 69 (2): 126-141.

[189] HOLMÉN H. State, *cooperatives and development in Africa* [M]. Uppsala: The Scandinavian Institute of African Studies, 1990.

[190] HOLMSTROM B. *Moral hazard in teams* [J]. *Bell journal of e-*

conomics, 1982, 13: 324 -340.

[191] HONG G, SPORLEDER T L. *Social capital in agricultural cooperatives: application and measurement* [C]. *The 2007 Congress of the Humanities and Social Sciences*, Saskatoon, Saskatchewan, 2007.

[192] HU B. *Informal institutions and rural development in China* [M]. London: Routledge, 2007.

[193] HUANG J, MAASSEN H M V D, GROOT W. *A meta - analysis of the effect of education on social capital* [J]. *Economics of education review*, 2009, 28 (4): 454 -464.

[194] HULME D, SHEPHERDD A. *Conceptualizing chronic poverty* [J]. *World development*, 2003, 31 (3): 403 -423.

[195] HUNTER G. *A hard look at directing benefits to the rural poor and at participation* [R]. Overseas development institute (ODI), 1981.

[196] HUSSI P, MURPHY J, LINDBERG O, et al. *The development of co - operatives and other rural organizations: the role of the World Bank* [M]. Washington, D. C.: The World Bank, 1993.

[197] ICA. *Statement on the co - operative identity* [M]. Geneva: International Co - operative Alliance, 1995.

[198] ICA/ILO. *Cooperating out of poverty: the global cooperative campaign against poverty, the campaign objectives* [M]. Geneva: International Cooperative Alliance and International Labour Organisation, 2005.

[199] ISRAEL G D, BEAULIEU L J, HARTLESS G. *The influence of family and community social capital on educational achievement* [J]. *Rural sociology*, 2001, 66 (1): 43 -68.

[200] JACOBS J. *The death and life of great American cities* [M]. New York: Random House, 1961.

[201] JALAN J, RAVALLION M. *Transient poverty in postreform rural*

China [J]. *Journal of comparative economics*, 1998, 26 (2): 338 -357.

[202] JALAN J, RAVALLION M. *Is transient poverty different? evidence for rural China* [J]. *Journal of development studies*, 2000, 36 (6): 82 -99.

[203] KARLAN D, MOBIUS M, ROSENBLAT T, et al. *Trust and social collateral* [J]. *The quarterly journal of economics*, 2009, 124 (3): 1307 -1361.

[204] KAWACHI I, KIM D, COUTTS A, et al. *Commentary: reconciling the three accounts of social capital* [J]. *International journal of epidemiology*, 2004, 33 (4): 682 -690.

[205] KINNAN C, TOWNSEND R M. *Kinship and financial networks, formal financial access and risk reduction* [J]. *American economic review*, 2012, 102 (3): 289 -293.

[206] KNACK S, KEEFER P. *Does social capital have an economic payoff? A cross - country investigation* [J]. *The quarterly journal of economics*, 1997, 112 (4): 1251 -1288.

[207] LA FERRARA E. *Inequality and group participation: theory and evidence from Rural Tanzania* [J]. *Journal of public economics*, 2002, 85 (2): 235 -273.

[208] LELE U. *The design of rural development: lessons from Africa* [M]. Baltimore, MD.: Johns Hopkins university press, 1975.

[209] LELE U. *Co - operatives and the poor: a comparative perspective* [J]. *World development*, 1981, 9 (1): 55 -72.

[210] LIN N. *Social Networks and status attainment* [J]. *Annual review of sociology*, 1999, 25: 467 -487.

[211] LIN N. *Social capital: A Theory of social structure and action* [M]. Cambridge: Cambridge University Press, 2001.

[212] LOURY G C. *A dynamic theory of racial income difference* [M]. WALLACE P A, LA MOND A M. Women, minorities, and employment discrimination. Lexington MA: Heath, 1977.

[213] LUZZI G F, FLÜCKIGER Y, WEBER S. *A cluster analysis of multidimensional poverty in Switzerland* [M]. KAKWANI N, SILBER J. Quantitative approaches to multidimensional poverty measurement. London: Palgrave Macmillan, 2008.

[214] MARKELL L. *Building assets in low income communities through cooperatives: a policy framework* [M]. Canada: Canadian cooperative association, 2004.

[215] MCNEAL R B. *Parental involvement as social capital: differential effectiveness on science achievement, truancy, and dropping out* [J]. Social forces, 1999, 78 (1): 117 - 144.

[216] MONTGOMERY J D. *Social networks and labor - market outcomes: toward an economic analysis* [J]. *The American economic review*, 1991, 81 (5): 1408 - 1418.

[217] MONTGOMERY J D. *Job search and network composition: implications of the strength - of - weak - ties hypothesis* [J]. *American sociological review*, 1992, 57 (5): 585 - 596.

[218] MORTENSEN D T, VISHWANATH T. *Personal contacts and earnings: It is who you know* [J]. *Labour economics*, 1994, 1 (2): 187 - 201.

[219] MÜNKNER H. *Cooperatives for the rich or for the poor? With special reference to co - operative development and co - operative law in Asia* [J]. *Asian economies*, 1976, 17: 32 - 54.

[220] MUNSHI K, ROSENZWEIG M R. *Why is mobility in India so low? social insurance, inequality, and growth* [J]. *NBER working papers*,

No. 14850, 2009.

[221] NAHAPIET J, GHOSHAL S. *Social capital, intellectual capital, and the organizational advantage* [J]. *Academy of management review*, 1998, 22 (2): 242 -266.

[222] NARAYAN D, PRITCHETT L. *Cents and sociability: household income and social capital in Rural Tanzania* [J]. *Economic development and cultural change*, 1999, 47 (4): 871 -897.

[223] NOURSE E. *The economic philosophy of cooperation* [J]. *American economic review*, 1922 (12): 577 -597.

[224] OCDC. *Cooperatives: Pathways to economic, democratic and social development in the global economy* [R]. United States Overseas Cooperative Development Council, 2007.

[225] OECD. *The well - being of nations: the role of human and social capital* [M]. Paris: OECD, 2001.

[226] ONYX J, BULLEN P. *Measuring social capital in five communities* [J]. *The journal of applied behavioral science*, 2000, 36 (1): 23 -42.

[227] PARNELL E. *The role of cooperatives and other self - help organizations in crisis resolution and socio - economic recovery* [M]. Geneva: International Labour Office, 2001.

[228] PAUGAM S. *Poverty and social disqualification: a comparative analysis of cumulative social disadvantage in Europe* [J]. *Journal of European social policy*, 1996, 6 (4): 287 -303.

[229] PAXTON P. *Is social capital declining in the United States? A multiple indicator assessment* [J]. *American journal of sociology*, 1999, 105 (1): 88 -127.

[230] PERNA L W, TITUS M A. *The relationship between parental involvement as social capital and college enrollment: An examination of racial/*

ethnic group differences [J]. *Journal of higher education*, 2005, 75 (5): 485 – 518.

[231] POLLET I. *Cooperatives in Africa: the age of reconstruction – synthesis of a survey in nine African countries* [J]. *Coop Africa working paper*, No. 7, International Labour Organisation, 2009.

[232] POLLET I, DEVELTERE P. *Development co – operation: how co – operatives cope* [M]. Cera/Hiva, Leuven, 2004.

[233] PONG S, HAO L, GARDNER E. *The roles of parenting styles and social capital in the school performance of immigrant Asian and Hispanic adolescents* [J]. Social science quarterly, 2005, 86 (4): 928 – 950.

[234] PORTES A. *Social capital: its origins and applications in modern sociology* [J]. *Annual review of sociology*, 1998, 24: 1 – 24.

[235] PORTES A. *The two meanings of social capital* [J]. *Sociological forum*, 2000, 15 (1): 1 – 12.

[236] PUTNAM H. *The collapse of the fact/value dichotomy and other essays* [M]. Cambridge: Harvard university press, 2004.

[237] PUTNAM R D. *The prosperous community – social capital and public life* [J]. *The American prospect*, 1993 (13): 35 – 42.

[238] PUTNAM R D. *Tuning in, tuning out: the strange disappearance of social capital in America* [J]. *Political science & politics*, 1995, 28 (4): 664 – 683.

[239] PUTNAM R D, LEONARDI D R. *Making democracy work: civic traditions in modern Italy* [M]. Princeton: Princeton university press, 1993.

[240] PUTNAM R D, LEONARDI R, NANETTI R Y. *Making democracy work: Civic traditions in modern Italy* [M]. Princeton university press, 1994.

[241] PUTNAM R. *Bowling alone: America's declining social capital in*

America [J]. *Journal of democracy*, 1995, 6 (1): 65 -78.

[242] REAM R K, PALARDY G J. *Reexamining social class differences in the availability and the educational utility of parental social capital* [J]. *American educational research journal*, 2008, 45 (2): 238 -273.

[243] ROWNTREE B S. Poverty: *a study of town life* [M]. Macmillan: Policy Press, 1901.

[244] ROZELLE S. *Rural industrialization and increasing inequality: emerging patterns in China's reforming economy* [J]. *Journal of comparative economics*, 1994, 19 (3): 362 -391.

[245] RUSSEL S. *The economic burden of illness for households in developing countries: a review of studies focusing on Malaria, Tuberculosis, and human immunodeficiency virus/acquired immunodeficiency syndrome* [J]. *The American society of tropical medicine and hygiene*, 2004, 71 (2): 147 -155.

[246] SAMPHANTHARAK K, TOWNSEND R M. *Households as corporate firms: an analysis of household finance using integrated household surveys and corporate financial accounting* [M]. Cambridge: Cambridge university press, 2009.

[247] SANTOS M E, VILLATORO P. *A multidimensional poverty index for Latin America* [J]. *Review of income and wealth*, 2018, 64 (1): 54 -82.

[248] SATGAR V, WILLIAMS M. *The passion of the people: successful cooperative experiences in Africa* [R]. Cooperative and policy alternative center, 2008.

[249] SATO H. *The impact of village -specific factors on household income in rural China: an empirical study using the* 2002 *CASS CHIP survey* [J]. *Hitotsubashi university discussion papers*, 2006 (9).

[250] SCHIRBER M E. *Cooperatives and the problem of poverty* [J].

The American catholic sociological review, 1945 (6): 13 - 21.

[251] SCHMITT G. *Why collectivization of agriculture in socialist countries has failed: a transaction cost approach* [M]. CSAKI C, KISLEV Y. Agricultural cooperatives in transition. Boulder: Westview Press, 1993.

[252] SCOTT J. *Social network analysis: a handbook* [M]. London: Sage Publications Ltd., 1991.

[253] SEELEY J R, SIM A, LOOSLEY E W. *Crestwood heights: a study of the culture of suburban life* [M]. New York: Basic Books, 1956.

[254] SEN A K. *Poverty: an ordinal approach to measurement* [J]. Econometrica, 1976, 81 (2): 219 - 231.

[255] SEN A K. Issues in the measurement of poverty [J]. The Scandinavian journal of economics, 1979 (2): 285 - 307.

[256] SEN A K. *Famines and poverty* [M]. London: Oxford University Press, 1981.

[257] SEN A K. *Development as freedom* [M]. Oxford: Oxford University Press, 1999.

[258] SILVER H. *Social exclusion and social solidarity: three paradigms* [J]. *International labor review*, 1994 (133): 531 - 577.

[259] SIMMONS R, BIRCHALL J. *The role of co - operatives in poverty reduction* [J]. *Journal of socio - economics*, 2008 (37): 2131 - 2140.

[260] SPEAR R. *The co - operative advantage* [J]. *Annals of public and cooperative economics*, 2002, 71 (4): 507 - 523.

[261] STAATZ J. *Farmers' incentives to take collective action via cooperatives: a transaction cost approach* [R]. ROYER J. *Cooperative theory: new approaches*. ACS Service Report, 1987 (18): 87 - 107.

[262] STANSFELD S. *Social support measurement and intervention: a guide for health and social scientists* [M]. New York: Oxford University

Press, 2001.

[263] STIGLITZ J. *The role of cooperatives in globalization* [J]. *Universita di Genova, Dipartimento di Scienze Economiche e Finanziarie, working paper No.* 9, Luglio, Italy, 2004.

[264] TANGUY B, SPIELMAN D, TAFFESSE A, et al. *Cooperatives for staple crop marketing: Evidence from Ethiopia* [M]. Washington D. C.: International food policy research institute, 2010.

[265] THORP R, STEWART F, HEYER A. *When and how far is group formation a route out of chronic poverty* [J]. *World development*, 2005, 33 (6): 907 –920.

[266] TSAI L L. *Accountability without democracy: Solidary groups and public goods provision in rural China* [M]. Cambridge: Cambridge University Press, 2007.

[267] TSUI K Y. *Multidimensional poverty indices* [J]. *Social choice and welfare*, 2002, 19: 69 –93.

[268] UN. *Indicators for monitoring the millennium development goals* [M]. New York: United Nations, 2003.

[269] UNRISD. *A review of rural cooperation in developing areas* [M]. Geneva: United Nations Research Institute for Social Development, 1969.

[270] UNRISD. *Rural institutions as agents of planned change* [M]. Geneva: United Nations Research Institute for Social Development, 1975.

[271] UPHOFF N T. *Learning from Gal Oya: Possibilities for participatory development and Post – Newtonian social science* [M]. London: Intermediate technology publications, 1996.

[272] UPHOFF N, KRISHNA A. *Civil society and public sector institutions: More than a zero - sum relationship* [J]. *Public administration and development*, 2004, 24 (4): 357 –372.

[273] VALENTINOV V. *Social capital, transition in agriculture and economic organization: a theoretical perspective* [J/OL]. Institute of agricultural development in central and eastern Europe (IAMO) Discussion Paper No. 53, 2003. [2020 -5 -20]. https: //www. econstor. eu/handle/10419/28558.

[274] VALENZUELA A, DORNBUSCH S M. *Familism and social capital in the academic achievement of Mexican Origin and Anglo Adolescents* [J]. *Social science quarterly*, 1994, 75 (1): 18 -36.

[275] VAN DER POEL M G M. *Delineating personal support network* [J]. Social networks, 1993, 15 (1): 49 -70.

[276] VICARI S. *Understanding co - operatives potential in fighting global poverty in a human development perspective* [C]. *ICA research conference*, 2008 -10 -15, ICA: Riva del Garda.

[277] WANYAMA F, DEVELTERE P, POLLET I. *Encountering the evidence: Cooperatives and poverty reduction in Africa* [J/OL]. Working papers on social and co - operative entrepreneurship WP - SCE 08 -02. Catholic University of Leuven, Belgium, 2008 [2020 -05 -20]. https: //ssrn. com/abstract = 1330387.

[278] WHELAN C T, LAYTE R, MAITRE B. *Understanding the mismatch between income poverty and deprivation: A dynamics comparative analysis* [J]. *European sociological review*, 2004, 29 (4): 287 -302.

[279] WHITELEY P F. *The origins of social capital* [M]. VAN Deth J W, MARAFFI M, NEWTON K, et al. *Social capital and European Democracy*. New York: Routledge, 1999.

[280] WILLIAMSON O. *Markets and hierarchies: Analysis and antitrust implications* [M]. New York: Free Press, 1975.

[281] WILLIAMSON O. *The economic institutions of capitalism* [M]. New York: Free Press, 1985.

[282] WILLIAMSON O. *The mechanisms of governance* [M]. Oxford: Oxford University Press, 1996.

[283] WOOLCOCK M. *Social capital and economic development: towards a theoretical synthesis and policy framework* [J]. *Theory and society*, 1998, 27 (2): 151 - 208.

[284] WORLD BANK. *The initiative on defining, monitoring and measuring social capital* [M]. Washington, D. C.: World Bank, 1998.

[285] XU Y, YAO Y. *Social networks enhance grassroots democracy: Surname groups and public goods provision in Rural China* [J]. *CCER working paper*, Peking University, 2009.

[286] ZHANG X, LI G. *Does Guanxi matter to nonfarm employment* [J]. *Journal of comparative economics*, 2003, 31 (2): 315 - 331.

[287] ZIGGERS G W, HENSELER J. *Inter - firm network capability: how it affects buyer - supplier performance* [J]. *British food journal*, 2009, 111 (8): 794 - 810.

附录

附表1　2007—2020年中央1号文件主题与核心内容摘录

文件编号	标题	核心内容摘录
中发〔2007〕1号	关于积极发展现代农业扎实推进社会主义新农村建设的若干意见	（1）加大对“三农”的投入力度，建立促进现代农业建设的投入保障机制；（2）加快农业基础建设，提高现代农业的设施装备水平；（3）推进农业科技创新，强化建设现代农业的科技支撑；（4）开发农业多种功能，健全发展现代农业的产业体系；（5）健全农村市场体系，发展适应现代农业要求的物流产业；（6）培养新型农民，造就建设现代农业的人才队伍；（7）深化农村综合改革，创新推动现代农业发展的体制机制；（8）加强党对农村工作的领导，确保现代农业建设取得实效
中发〔2008〕1号	关于切实加强农业基础建设进一步促进农业发展农民增收的若干意见	（1）加快构建强化农业基础的长效机制；（2）切实保障主要农产品基本供给；（3）突出抓好农业基础设施建设；（4）着力强化农业科技和服务体系基本支撑；（5）逐步提高农村基本公共服务水平；（6）稳定完善农村基本经营制度和深化农村改革；（7）扎实推进农村基层组织建设；（8）加强和改善党对“三农”工作的领导
中发〔2009〕1号	关于2009年促进农业稳定发展农民持续增收的若干意见	（1）加大对农业的支持保护力度；（2）稳定发展农业生产；（3）强化现代农业物质支撑和服务体系；（4）稳定完善农村基本经营制度；（5）推进城乡经济社会发展一体化

续表

文件编号	标题	核心内容摘录
中发〔2010〕1号	关于加大统筹城乡发展力度进一步夯实农业农村发展基础的若干意见	(1) 健全强农惠农政策体系，推动资源要素向农村配置；(2) 提高现代农业装备水平，促进农业发展方式转变；(3) 加快改善农村民生，缩小城乡公共事业发展差距；(4) 协调推进城乡改革，增强农业农村发展活力；(5) 加强农村基层组织建设，巩固党在农村的执政基础
中发〔2011〕1号	关于加快水利改革发展的决定	(1) 新形势下水利的战略地位；(2) 水利改革发展的指导思想、目标任务和基本原则；(3) 突出加强农田水利等薄弱环节建设；(4) 全面加快水利基础设施建设；(5) 建立水利投入稳定增长机制；(6) 实行最严格的水资源管理制度；(7) 不断创新水利发展体制机制；(8) 切实加强对水利工作的领导
中发〔2012〕1号	关于加快推进农业科技创新持续增强农产品供给保障能力的若干意见	(1) 加大投入强度和工作力度，持续推动农业稳定发展；(2) 依靠科技创新驱动，引领支撑现代农业建设；(3) 提升农业技术推广能力，大力发展农业社会化服务；(4) 加强教育科技培训，全面造就新型农业农村人才队伍；(5) 改善设施装备条件，不断夯实农业发展物质基础；(6) 提高市场流通效率，切实保障农产品稳定均衡供给
中发〔2013〕1号	关于加快发展现代农业进一步增强农村发展活力的若干意见	(1) 建立重要农产品供给保障机制，努力夯实现代农业物质基础；(2) 健全农业支持保护制度，不断加大强农惠农富农政策力度；(3) 创新农业生产经营体制，稳步提高农民组织化程度；(4) 构建农业社会化服务新机制，大力培育发展多元服务主体；(5) 改革农村集体产权制度，有效保障农民财产权利；(6) 改进农村公共服务机制，积极推进城乡公共资源均衡配置；(7) 完善乡村治理机制，切实加强以党组织为核心的农村基层组织建设

续表

文件编号	标题	核心内容摘录
中发〔2014〕1号	关于全面深化农村改革加快推进农业现代化的若干意见	(1) 完善国家粮食安全保障体系；(2) 强化农业支持保护制度；(3) 建立农业可持续发展长效机制；(4) 深化农村土地制度改革；(5) 构建新型农业经营体系；(6) 加快农村金融制度创新；(7) 健全城乡发展一体化体制机制；(8) 改善乡村治理机制
中发〔2015〕1号	关于加大改革创新力度加快农业现代化建设的若干意见	(1) 围绕建设现代农业，加快转变农业发展方式；(2) 围绕促进农民增收，加大惠农政策力度；(3) 围绕城乡发展一体化，深入推进新农村建设；(4) 围绕增添农村发展活力，全面深化农村改革；(5) 围绕做好“三农”工作，加强农村法治建设
中发〔2016〕1号	关于落实发展新理念加快农业现代化实现全面小康目标的若干意见	(1) 持续夯实现代农业基础，提高农业质量效益和竞争力；(2) 加强资源保护和生态修复，推动农业绿色发展；(3) 推进农村产业融合，促进农民收入持续较快增长；(4) 推动城乡协调发展，提高新农村建设水平；(5) 深入推进农村改革，增强农村发展内生动力；(6) 加强和改善党对“三农”工作领导
中发〔2017〕1号	关于深入推进农业供给侧结构性改革加快培育农业农村发展新动能的若干意见	(1) 优化产品产业结构，着力推进农业提质增效；(2) 推行绿色生产方式，增强农业可持续发展能力；(3) 壮大新产业新业态，拓展农业产业链和价值链；(4) 强化科技创新驱动，引领现代农业加快发展；(5) 补齐农业农村短板，夯实农村共享发展基础；(6) 加大农村改革力度，激活农业农村内生发展动力
中发〔2018〕1号	关于实施乡村振兴战略的意见	(1) 新时代实施乡村振兴战略的重大意义；(2) 实施乡村振兴战略的总体要求；(3) 提升农业发展质量，培育乡村发展新动能；(4) 推进乡村绿色发展，打造人与自然和谐共生发展新格局；(5) 繁荣兴盛农村文化，焕发乡风文明新气象；(6) 加强农村基层基础工作，构建乡村治理新体系；(7) 提高农村民生保障水平，塑造美丽乡村新风貌；(8) 打好精准脱贫攻坚战，增强贫困群众获得感；(9) 推进体制机制创新，强化乡村振兴制度性供给；(10) 汇聚全社会力量，强化乡村振兴人才支撑；(11) 开拓投融资渠道，强化乡村振兴投入保障；(12) 坚持和完善党对“三农”工作的领导

续表

文件编号	标题	核心内容摘录
中发〔2019〕1号	关于坚持农业农村优先发展做好“三农”工作的若干意见	（1）聚力精准施策，决战决胜脱贫攻坚；（2）夯实农业基础，保障重要农产品有效供给；（3）扎实推进乡村建设，加快补齐农村人居环境和公共服务短板；（4）发展壮大乡村产业，拓宽农民增收渠道；（5）全面深化农村改革，激发乡村发展活力；（6）完善乡村治理机制，保持农村社会和谐稳定；（7）发挥农村党支部战斗堡垒作用，全面加强农村基层组织建设；（8）加强党对“三农”工作的领导，落实农业农村优先发展总方针
中发〔2020〕1号	关于抓好“三农”领域重点工作确保如期实现全面小康的意见	（1）坚决打赢脱贫攻坚战；（2）对标全面建成小康社会加快补上农村基础设施和公共服务短板；（3）保障重要农产品有效供给和促进农民持续增收；（4）加强农村基层治理；（5）强化农村补短板保障措施

附表2　2007—2020年中央1号文件中有关农民合作社的内容

文件编号	有关农民合作社的内容
中发〔2007〕1号	（1）支持农民专业合作组织等直接向城市超市、社区菜市场和便利店配送农产品（5－建设农产品流通设施和发展新型流通业态） （2）积极发展农民专业合作组织等各类适应现代农业发展要求的经营主体（6－培育现代农业经营主体） （3）认真贯彻《农民专业合作社法》，支持农民专业合作组织加快发展。各地要加快制定推动农民专业合作社发展的实施细则，有关部门要抓紧出台具体登记办法、财务会计制度和配套支持措施。要采取有利于农民专业合作组织发展的税收和金融政策，增大农民专业合作社建设示范项目资金规模，着力支持农民专业合作组织开展市场营销、信息服务、技术培训、农产品加工储藏和农资采购经营。（7－大力发展农民专业合作组织）

续表

文件编号	有关农民合作社的内容
中发〔2008〕1号	(1) 继续实施农业标准化示范项目，扶持龙头企业、农民专业合作组织等率先实行标准化生产（2－加强农业标准化和农产品质量安全工作） (2) 鼓励农民专业合作社兴办农产品加工企业或参股龙头企业（2－支持农业产业化发展） (3) 支持农民用水合作组织发展，提高服务能力（3－狠抓小型农田水利建设） (4) 扶持农机合作社和农机专业服务公司等（3－加快推进农业机械化） (5) 组织实施新农村实用人才培训工程，重点培训专业合作组织领办人等（4－大力培养农村实用人才） (6) 全面贯彻落实农民专业合作社法，抓紧出台配套法规政策，尽快制定税收优惠办法，清理取消不合理收费。各级财政要继续加大对农民专业合作社的扶持，农民专业合作社可以申请承担国家的有关涉农项目（4－积极发展农民专业合作社和农村服务组织）
中发〔2009〕1号	(1) 抓紧出台对农民专业合作社开展信用合作试点的具体办法（1－增强农村金融服务能力） (2) 加快农业标准化示范区建设，推动农民专业合作社等率先实行标准化生产，支持建设绿色和有机农产品生产基地（2－严格农产品质量安全全程监控） (3) 加快发展农民专业合作社，开展示范社建设行动。加强合作社人员培训，各级财政给予经费支持。将合作社纳入税务登记系统，免收税务登记工本费。尽快制定金融支持合作社、有条件的合作社承担国家涉农项目的具体办法（4－扶持农民专业合作社和龙头企业发展） (4) 支持供销合作社、邮政、商贸企业和农民专业合作社等加快发展农资连锁经营，推行农资信用销售（5－积极开拓农村市场）
中发〔2010〕1号	(1) 按照存量不动、增量倾斜的原则，新增农业补贴适当向种粮大户、农民专业合作社倾斜（1－完善农业补贴制度和市场调控机制） (2) 推广农民用水户参与管理模式，加大财政对农民用水合作组织的扶持力度（2－突出抓好水利基础设施建设） (3) 大力发展农民专业合作社，深入推进示范社建设行动，对服务能力强、民主管理好的合作社给予补助。各级政府扶持的贷款担保公司要把农民专业合作社纳入服务范围，支持有条件的合作社兴办农村资金互助社。扶持农民专业合作社自办农产品加工企业（4－着力提高农业生产经营组织化程度） (4) 规范集体林权流转，支持发展林农专业合作社（4－积极推进林业改革） (5) 推动农村基层党组织工作创新，扩大基层党组织对农村新型组织的覆盖面，推广在农民专业合作社、专业协会、外出务工经商人员相对集中点建立党组织的做法（5－加强和改进农村基层党的建设）

续表

文件编号	有关农民合作社的内容
中发〔2011〕1号	大力发展农民用水合作组织（7－健全基层水利服务体系）
中发〔2012〕1号	（1）按照增加总量、扩大范围、完善机制的要求，继续加大农业补贴强度，新增补贴向主产区、农民专业合作社倾斜（1－加大农业投入和补贴力度） （2）有序发展农村资金互助组织，引导农民专业合作社规范开展信用合作。继续发展农户小额信贷业务，加大对种养大户、农民专业合作社、县域小型微型企业的信贷投放力度（1－提升农村金融服务水平） （3）加大动植物良种工程实施力度，鼓励种子企业与农民专业合作社联合建立相对集中稳定的种子生产基地（2－着力抓好种业科技创新） （4）通过政府订购、定向委托、招投标等方式，扶持农民专业合作社、供销合作社、专业技术协会、农民用水合作组织、涉农企业等社会力量广泛参与农业产前、产中、产后服务。充分发挥农民专业合作社组织农民进入市场、应用先进技术、发展现代农业的积极作用，加大支持力度，加强辅导服务，推进示范社建设行动，促进农民专业合作社规范运行。支持农民专业合作社兴办农产品加工企业或参股龙头企业（3－培育和支持新型农业社会化服务组织） （5）加快培养村干部、农民专业合作社负责人等农村发展带头人（4－大力培训农村实用人才） （6）加大信贷支持力度，鼓励农机合作社购置大中型农机具（5－加快农业机械化） （7）扶持产地农产品收集、加工、包装、贮存等配套设施建设，重点对农民专业合作社建设初加工和贮藏设施予以补助（6－加强农产品流通设施建设） （8）支持生产基地、农民专业合作社在城市社区增加直供直销网点，形成稳定的农产品供求关系。扶持供销合作社、农民专业合作社等发展联通城乡市场的双向流通网络（6－创新农产品流通方式）

续表

文件编号	有关农民合作社的内容
中发〔2013〕1号	(1) 继续增加农业补贴资金规模，新增补贴向主产区和优势产区集中，向农民合作社等新型生产经营主体倾斜（2－加大农业补贴力度） (2) 鼓励和支持承包土地向专业大户、家庭农场、农民合作社流转，发展多种形式的适度规模经营（3－稳定农村土地承包关系） (3) 农民合作社是带动农户进入市场的基本主体，是发展农村集体经济的新型实体，是创新农村社会管理的有效载体。按照积极发展、逐步规范、强化扶持、提升素质的要求，加大力度、加快步伐发展农民合作社，切实提高引领带动能力和市场竞争能力。鼓励农民兴办专业合作和股份合作等多元化、多类型合作社。实行部门联合评定示范社机制，分级建立示范社名录，把示范社作为政策扶持重点。安排部分财政投资项目直接投向符合条件的合作社，引导国家补助项目形成的资产移交合作社管护，指导合作社建立健全项目资产管护机制。增加农民合作社发展资金，支持合作社改善生产经营条件、增强发展能力。逐步扩大农村土地整理、农业综合开发、农田水利建设、农技推广等涉农项目由合作社承担的规模。对示范社建设鲜活农产品仓储物流设施、兴办农产品加工业给予补助。在信用评定基础上对示范社开展联合授信，有条件的地方予以贷款贴息，规范合作社开展信用合作。完善合作社税收优惠政策，把合作社纳入国民经济统计并作为单独纳税主体列入税务登记，做好合作社发票领用等工作。创新适合合作社生产经营特点的保险产品和服务。建立合作社带头人人才库和培训基地，广泛开展合作社带头人、经营管理人员和辅导员培训，引导高校毕业生到合作社工作。落实设施农用地政策，合作社生产设施用地和附属设施用地按农用地管理。引导农民合作社以产品和产业为纽带开展合作与联合，积极探索合作社联社登记管理办法。抓紧研究修订农民专业合作社法。（3－大力支持发展多种形式的新型农民合作组织） (4) 支持农民合作社等为农业生产经营提供低成本、便利化、全方位的服务，发挥经营性服务组织的生力军作用（4－培育农业经营性服务组织）

续表

文件编号	有关农民合作社的内容
中发〔2014〕1号	(1) 支持发展农机合作社等服务组织（2-加快发展现代种业和农业机械化） (2) 鼓励发展专业合作、股份合作等多种形式的农民合作社，引导规范运行，着力加强能力建设。允许财政项目资金直接投向符合条件的合作社，允许财政补助形成的资产转交合作社持有和管护，有关部门要建立规范透明的管理制度。推进财政支持农民合作社创新试点，引导发展农民专业合作社联合社。按照自愿原则开展家庭农场登记。鼓励发展混合所有制农业产业化龙头企业，推动集群发展，密切与农户、农民合作社的利益联结关系。在国家年度建设用地指标中单列一定比例专门用于新型农业经营主体建设配套辅助设施。鼓励地方政府和民间出资设立融资性担保公司，为新型农业经营主体提供贷款担保服务。加大对新型职业农民和新型农业经营主体领办人的教育培训力度。落实和完善相关税收优惠政策，支持农民合作社发展农产品加工流通（5-扶持发展新型农业经营主体） (3) 扶持发展农民用水合作组织（5-健全农业社会化服务体系） (4) 在管理民主、运行规范、带动力强的农民合作社和供销合作社基础上，培育发展农村合作金融，不断丰富农村地区金融机构类型。坚持社员制、封闭性原则，在不对外吸储放贷、不支付固定回报的前提下，推动社区性农村资金互助组织发展。完善地方农村金融管理体制，明确地方政府对新型农村合作金融监管职责，鼓励地方建立风险补偿基金，有效防范金融风险。适时制定农村合作金融发展管理办法（6-发展新型农村合作金融组织） (5) 进一步加强农民合作社、专业技术协会等的党建工作，创新和完善组织设置，理顺隶属关系（8-加强农村基层党的建设）
中发〔2015〕1号	(1) 推进合作社与超市、学校、企业、社区对接（1-创新农产品流通方式） (2) 引导农民专业合作社拓宽服务领域，促进规范发展，实行年度报告公示制度，深入推进示范社创建行动。引导农民以土地经营权入股合作社和龙头企业（4-加快构建新型农业经营体系） (3) 积极探索新型农村合作金融发展的有效途径，稳妥开展农民合作社内部资金互助试点，落实地方政府监管责任（4-推进农村金融体制改革） (4) 鼓励发展农民用水合作组织，扶持其成为小型农田水利工程建设和管护主体（4-深化水利和林业改革） (5) 适时修改农民专业合作社法（5-健全农业市场规范运行法律制度）

续表

文件编号	有关农民合作社的内容
中发〔2016〕1号	(1) 积极扶持农民发展休闲旅游业合作社（2－大力发展休闲农业和乡村旅游） (2) 支持供销合作社创办领办农民合作社，引领农民参与农村产业融合发展、分享产业链收益。鼓励发展股份合作，引导农户自愿以土地经营权等入股龙头企业和农民合作社，采取“保底收益＋按股分红”等方式，让农户分享加工销售环节收益，建立健全风险防范机制。加强农民合作社示范社建设，支持合作社发展农产品加工流通和直供直销（3－完善农业产业链与农民的利益联结机制） (3) 扩大在农民合作社内部开展信用合作试点的范围，健全风险防范化解机制，落实地方政府监管责任（5－推动金融资源更多向农村倾斜）
中发〔2017〕1号	(1) 加强农民合作社规范化建设，积极发展生产、供销、信用“三位一体”综合合作（1－积极发展适度规模经营） (2) 鼓励农村集体经济组织创办乡村旅游合作社（3－大力发展乡村休闲旅游产业） (3) 支持有条件的乡村建设以农民合作社为主要载体、让农民充分参与和受益，集循环农业、创意农业、农事体验于一体的田园综合体，通过农业综合开发、农村综合改革转移支付等渠道开展试点示范（3－培育宜居宜业特色村镇） (4) 鼓励地方建立农科教产学研一体化农业技术推广联盟，支持农技推广人员与家庭农场、农民合作社、龙头企业开展技术合作（4－强化农业科技推广） (5) 支持家庭农场、农民合作社科学储粮（6－深化粮食等重要农产品价格形成机制和收储制度改革） (6) 对各级财政支持的各类小型项目，优先安排农村集体经济组织、农民合作组织等作为建设管护主体（6－改革财政支农投入机制） (7) 开展农民合作社内部信用合作试点（6－加快农村金融创新）
中发〔2018〕1号	(1) 维护农村合作经济组织的特别法人地位和权利（6－深化村民自治实践） (2) 实施新型农业经营主体培育工程，培育发展家庭农场、合作社、龙头企业、社会化服务组织和农业产业化联合体，发展多种形式适度规模经营（9－巩固和完善农村基本经营制度） (3) 创新培训机制，支持农民专业合作社、专业技术协会、龙头企业等主体承担培训（10－大力培育新型职业农民）

续表

文件编号	有关农民合作社的内容
中发〔2019〕1号	(1) 支持发展适合家庭农场和农民合作社经营的农产品初加工（4－大力发展现代农产品加工业） (2) 支持农民合作社等开展农技推广、土地托管、代耕代种、统防统治、烘干收储等农业生产性服务（4－发展乡村新型服务业） (3) 突出抓好家庭农场和农民合作社两类新型农业经营主体，启动家庭农场培育计划，开展农民合作社规范提升行动，深入推进示范合作社建设，建立健全支持家庭农场、农民合作社发展的政策体系和管理制度。落实扶持小农户和现代农业发展有机衔接的政策，完善“农户＋合作社”“农户＋公司”利益联结机制（巩固和完善农村基本经营制度）
中发〔2020〕1号	(1) 国家支持农民合作社建设产地分拣包装、冷藏保鲜、仓储运输、初加工等设施，对其在农村建设的保鲜仓储设施用电实行农业生产用电价格(3－加强现代农业设施建设) (2) 重点培育农民合作社等新型农业经营主体，培育农业产业化联合体，通过订单农业、入股分红、托管服务等方式，将小农户融入农业产业链(3－发展富民乡村产业)